JN035802

© Andrew Burton / Getty Images

武器より一冊の本をください

少女マララ・ユスフザイの祈り

ヴィヴィアナ・マッツァ 著　　横山千里 訳

Storia di Malala by Viviana Mazza

© 2013 Arnoldo Mondadori Editore S.p.A., Milano

Japanese translation rights arranged with Arnoldo Mondadori Editore
S.p.A., Milano, Italy through Tuttle-Mori Agency, Inc., Tokyo
Japanese edition published by KIN-NO-HOSHI SHA Co.Ltd., 2013

目次

序章《じょしょう》 …………… 4

銃撃《じゅうげき》 …………… 10
ミンゴラ …………… 18

—3年前—
ばく撃《げき》 …………… 22
目かくし鬼 …………… 32
お話 …………… 39
マウラナ・ラジオ …………… 45
少女たち …………… 52
市場 …………… 60
テレビカメラ …………… 66
最後の日 …………… 73
退くつ …………… 80
旅先にて …………… 87
ホーム・スイート・ホーム …………… 97
はかなき平和 …………… 102
学校にもどる …………… 110
疎開《そかい》 …………… 120
パキスタンへようこそ …………… 129
トウモロコシの花 …………… 138
危機 …………… 148
目覚め …………… 153
新しい人生 …………… 165

用語解説 …………… 170
出典 …………… 174
マララ・ユスフザイ国連演説抄録《こくれんえんぜつしょうろく》（和訳） …………… 176
謝辞 …………… 182

序章《じょしょう》

この本は、勇敢《ゆうかん》な少女マララ・ユスフザイの物語を伝えるために生まれました。強くてこわい大人たちに逆らって自分の権利を守ろうとする。誰《だれ》しも簡単にできることではありません。彼女はそういう意味で勇敢《ゆうかん》なのです。

マララは、自分ひとりのためだけではなく、ほかの少女たちみんなのために、信じるものを守ろうと命がけで声を上げました。2012年10月9日、パキスタンのスワート渓谷《けいこく》で、通学とちゅうにマララは銃撃《じゅうげき》にあいます。当時彼女は15歳《さい》、ただただ勉強がしたいと願う少女でした。しかし、彼女が住むパキスタンには、女の子には教育を受ける権利を認めない、という考えの人たちがいたのです。

当初マララのことは雑誌記事として取材をしていました。パキスタンという複雑でみりょく的な国を肌《はだ》で知ることができたことはわたしにとって素晴らしい経験です。なかでも、マララの物語にはふへん的で深遠なものがあり、わたしたちひとりひとりに直接語りかけてくる力があります。

マララが入院しているとき、あらゆる宗教、あらゆる国籍《こくせき》の何百人もの子どもや若者から寄せられたたくさんの手紙や絵が、彼女に生きる力を授けました。襲撃《しゅうげき》の半年後、イギリスで復学したマララには、パキスタンからなおも絶え間なくきょうはくが届きました。それでも彼女は、退院前にはすでに再び声を上げることを始めていました。教育を受ける権利と表現の自由を、以前にも増して大きな声で訴《うった》えていったのです。

マララはノーベル平和賞の候補にもなりました。でもこれはマララひとりの物語ではありません。今この瞬間《しゅんかん》にもパキスタン、そして世界中の第二のマララが、自らの夢に向けて勇気をふりしぼり、不平等とたたかっているのです。

新聞、インタビュー、映像、資料と取材を進めるなかで(主な出典は巻末にあります）、わたしは入院中のマララ宛《あて》に送られた一枚の絵を目にしました。えんぴつで描《か》かれたその絵には、小さな家と木々、太陽、そして女の子。女の子の頭の上には矢印があってマララと書かれていました。

それを描《か》いたのがパキスタンの子どもなのかイタリアの子どもなのか、あるいはどこか別の国の子どもなのかはわかりません。

ただ、絵の中の女の子は、仮面とマントを身に着けたヒロインでも魔法使《まほうつか》いでもなく、ごくふつうの少女でした。

この本がきっかけとなり、また手紙がいっぱい書かれて、こんな絵がたくさん描《か》かれたら、また、この本が読者のみなさんを遠い国へといざなってくれれば最高にうれしいです。そしてもし遠い国へ行ったなら、ちがいにばかり目を向けるのではなく、どうぞ自分と似たところも探してみてください。マララの勇気が拡散していきますように。

灰色のヤマウズラは知っている
明日なにが起こるのかを。
だけどやっぱり罠《わな》にかかって
子どもたちに捕《つか》まえられてしまうのさ。
ホシャル・ハーン・ハタック
（パシュトゥーン人の詩人・ゲリラ兵士　１６１３〜１６８９）

パキスタンの位置および
本書に出てくる地域と場所

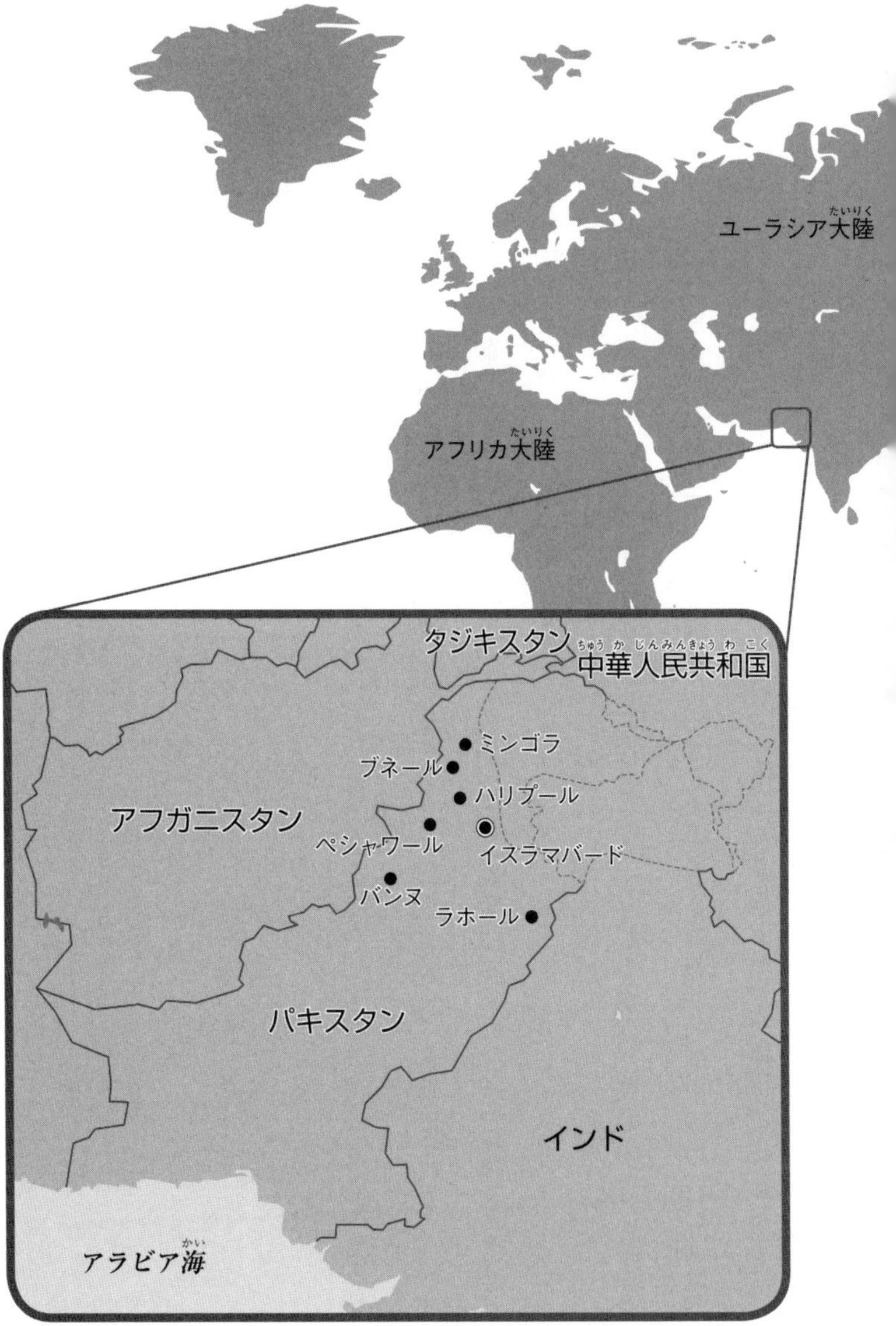
ユーラシア大陸《たいりく》
アフリカ大陸《たいりく》
タジキスタン
中華人民共和国《ちゅうかじんみんきょうわこく》
ミンゴラ
ブネール
ハリプール
アフガニスタン
ペシャワール
イスラマバード
バンヌ
ラホール
パキスタン
インド
アラビア海《かい》

銃撃《じゅうげき》

2012年10月9日

「終わった！」

　ザキアはスクールバスに乗り、ため息をついてリュックをゆかに下ろし、背もたれにかたを預けた。頭の中ではまだ、ウルドゥー語の授業でやった課題がぐるぐる回っていた。ウルドゥー語は難しい言葉じゃない。英語の方がまちがいなく大変だ。でも、その朝ザキアはどうも集中できずにいた。

　黒っぽい大きなストールに身を包んだ少女たちはおしゃべりしながらバスの中でひしめきあう。バスと言ってもそれは、アメリカ映画に出てくるような黄色いスクールバスとはほど遠い白のピックアップ、つまり、運転席と荷台に分かれたトラックで、荷台には風よけのビニールのほろが張ってある。

少女たちは後ろから乗りこみ、板を組んで作ったベンチシートに座る。時々、運転手のウズマンがアクセルをふむと、彼女たちは身体《からだ》を支えきれずに折り重なるように倒《たお》れては、さけんだり大笑いしたりするのだった。

マララはトラックに乗ると、ザキアのとなりに席をとった。続いてライラが乗ってきて、いつものようにニコニコしながらマララのとなりに座った。

ライラとマララはとても仲が良く、二人ともまだ13歳《さい》と15歳《さい》という若さで医者になるというはっきりとした将来の夢をもっていた。ザキアは16歳《さい》だったがまだ何の職につきたいかまでは決めていなかった。

「…12、13…」

引率の3人の教員のひとりが少女たちの人数をかぞえている。

「…14人」

最後に乗った少女が後ろの緑色のほろを閉めた。出発。少女たちは楽しそうに、昔の流行歌を歌いだした。

恋人が祖国を守るために流した
その血のひとしずくで
わたしはおでこに赤い点を描《か》きましょう
それはきっとあまりに美しくて
庭のバラの花もうらやむでしょう

ザキアはもの思いにふけっていた。風にゆれるほろが動いてできるすきまは、窓のない荷台と外の世界を結ぶゆいいつの穴。ふと、ミンゴラのほこりっぽい町の様子がかいま見える。黄色い土けむりがまくがはったようになっていても、真昼の往来を行き来する人の何人かは見分けることができる。

かたに大きなふくろを担いでこしを曲げて歩く男。うでには幼い子どもをかかえている。

オートバイに二人乗りをして飛ぶように走る若者。

青と緑のリキシャは、路かたに停まっているのが数台と走っているのが数台。

細かい花模様や幾何学模様《きかがくもよう》が描《えが》かれたトラック。

ミンゴラは活気を失ってはいない。パキスタン北部の国境の町として栄えたころの活気を今も保っている。

ライラのイヤリングも前後にゆれる。前へ後ろへ、荷台のほろに合わせて。ザキアはまだ課題のことが頭から離れなかった。

「ねえ、3番の問題、なんて書いた？　穴うめ問題」

彼女はマララにたずねる。マララは少女たちの中でも勉強熱心なほうだ。

「真実についての問題？　あの問題の答えは『Aap kosach kehna hoga』、『真実を述べなければならない』でしょ」

「『真実を述べる』か…それだ、そうだった！」

ザキアの眼鏡のフレームの奥で一瞬《いっしゅん》、はじらいの色がゆれた。

「わたし、kehnaじゃなくてkhanaって書いちゃった」

「ウソ！　『真実を食べなくてはいけない』って書いちゃったの？」

そう言ってライラはふきだした。ザキアにも思わず笑みがこぼれた。

そして再びライラのイヤリングに目をやると、さっきまで動いていたイヤリングが止まっている。

降り口のほうを見た。ほろも波打っていない。

そして突然ほろが開け放たれた。

一瞬《いっしゅん》のことだった。ひげづらの少年が荷台に頭をつっこんできた。

「マララはどこだ？」

と彼はさけび、少女たちの顔をひとりずつ見てゆく。

少年の手には銃《じゅう》、少女たちは悲鳴を上げた。

「静かにしろ！」

少年が命じると彼女たちは口をつぐんだ。

ザキアはその少年をつい今しがた見た気がした。オートバイを飛ばしていたあの少年のひとりのように思うのだが確信はもてない。恐怖《きょうふ》で目がよく見えなくなっていた。

「マララはどこだ？」

彼はもう一度たずねた。

「早く答えないと全員殺すぞ！　マララは『神の兵士タリバン』をぶじょくした。よって罰《ばっ》せられるのだ」

シンと静まる中でその言葉はまるで死刑宣告《しけいせんこく》のようにひびいた。マララは、言いたいことが山ほどあったが、恐怖《きょうふ》で身体《からだ》は固まったように動くことができず、息さえうまくできない。

数人の少女が大きな栗色《くりいろ》の瞳《ひとみ》をしたマララのほうを向いてしまっていることにザキアは気づいた。

銃《じゅう》を持った少年の視線もまた、マララに止まった。誰《だれ》も一言も発しない。しかし少年にはわかってしまった。少年はマララをじっと見つめる。

ものの数秒の出来事だった。

銃《じゅう》がようしゃなくにぶい音を放つ。

1発、2発、もう1発、さらにもう1発。

マララの頭がわずかに後ろにかたむく。

彼女の身体《からだ》が横に倒《たお》れ、スローモーションでライラのひざの上にくずれ落ちる。

彼女は耳から血を流していた。

ライラが悲鳴を上げた。

その悲鳴も止まった。銃弾《じゅうだん》はライラの右かたにも、そしてさけようとかざしたその左手にも達したのだった。

ザキアもするどい痛みを感じていた。うでと心臓がばくはつするんじゃないかと思った。

そして視界は闇《やみ》に閉ざされた。

ミンゴラ

小さな救急車は走る。サイレンに先導され、追いかけられて。座席が血に染まったまま、リュックがゆかに散乱したままのバスを置き去りにして。リュックのひとつにはハンナ・モンタナの顔が付いていて、周りにハートがいっぱい飛んでいる。マイクを手に今にも歌いだしそうな顔だ。

救急車は町を疾走《しっそう》する。動き続ける、生き続ける町の中を。

水のない水路の底に黒っぽい砂利とゴミがたまっているのが見える。

軍の検問所。

店の前にはふくろづめされた米が積み上げられ、売られている。

宿の看板、インターネットカフェの案内板、ペプシの広告。

コニーチョークの交差点。タリバンの命令にそむいた者の遺体が見せしめに置かれた血の広場。

道ばたで人々が言葉を交わす。

「女の子だったよ！」

「政府は責任者を逮捕《たいほ》すべきだ！」

「当局のことなんて信用できるもんか！　今年に入ってもう20人も殺されてるのに、誰《だれ》もなんの手も打たないじゃないか！」

救急車が停まる。

看護師らがマララが横たわるたんかを運びだす。

遠くから見たらただ眠っているように見えるかもしれないが、彼女にかけられたシーツは血で真っ赤に染まっていた。

たんかはろうかへとおされていく。まぎれもない病院のにおい。不安げに待つ人たちのにおい。その中には黒いひげをはやしたマララのお父さんもいた。とほうに暮れた様子で、娘《むすめ》の手をにぎる。看護師らが今にも飛び立とうとしているヘリコプターにマララの身体を乗せるときにもまだお父さんは側にいた。

マララの目が開いていれば、家やモスクやホテルが、空の上からだとどれも白と茶色で同じに見えることもわかったろうし、全てがだんだん小さくなって大自然にうもれていくさまが見えただろうに。

タリバンと軍隊の間の内戦が終わったばかりのその町は、病み上がりの患者のように、松におおわれた丘陵《きゅうりょう》地帯《ちたい》にいだかれて休んでいる。

その町をなめるように大きなスワート川が流れ、りんごやあんずの木を生いしげらせている。そこからヒンドゥークシュ山脈の最も荒れ果てたしゃ面が広がるのだった。

マララが空を飛ぶことができたなら、雲をこえて飛んでゆき、木々の金色に色づいた葉をなでて、岩肌《いわはだ》を流れ落ちるたきの水けむりを肌《はだ》で感じることもできただろうに。

前に先生が授業中に話してくれたことがあった。ずいぶん前のことだけれど、イギリス女王がスワート川をおとずれたときに「パキスタンのスイスね」と言ったこと。少女たちはスイスに行ったことなどなかったが、本当にスワートぐらい美しいところだとしたらスイス人は幸運ね、と思った。

マララが肺いっぱいに息を吸うことができたなら、冬のとう来を告げる、まぎれもない10月のさわやかな空気を感じることができただろうに。

そのとき、彼女の意識はどこか遠くにあった。

―3年前―
ばく撃《げき》

2009年1月

ヘリコプターのプロペラの音。音はどんどん大きくなる。どんどん大きく、大きく。そして機関銃《きかんじゅう》の音がして、そのすぐあとにばくだんが落ちてくる。

マララは飛び起きた。

「またこの夢…」ベッドに身を起こしてぼうぜんとする。ここ数日見てなかったのに。しかしそれは夢だけではなかった。目を開けているときも同じ音がきこえて、同じ不安にかられる。家の上をヘリコプターが飛ぶようになってもう数ヶ月になる。

マララは深紅のかけ布団に描《えが》かれた金糸の模様をぼんやり見つめていたが、窓に背を向けて横になり、目を閉じてヘリコプターの音のリズムでねむりにつこうとした。集中して聞き耳を立てれば何台飛んでいるかわかる。でも羊をかぞえるのとはちがって、そんなことをしてもねむりはやってこない。

内戦が始まって初めてミンゴラ上空にヘリコプターが飛んできたときは、弟のホシャル・ハーンとアタル・ハーンといっしょにベッドの下にかくれた。

ある日、兵士らは空からあめ玉をまくようになり、これがしばらく続いたので、子どもたちは音を聞くと通りに出てくるようになった。しかしその後、あめ玉は品切れになったのか、銃撃《じゅうげき》しかしなくなった。

マララは知っている。兵士が探しているのは子どもたちじゃなくて、雪深い山の中に身をひそめたタリバンたちだ。それでもミサイルが照準を誤れば自分の家に当たってみんな死んでしまうかもしれない。

そしたら新聞にのるだろう。

〝マララ・ユスフザイ、11歳《さい》、中学生。弟二人、母、父とともに殺される〟

見出しは『紛争被害《ふんそうひがい》』だ。

しかしヘリコプターの音なんて、この美しいスワート渓谷《けいこく》を苦しめている問題のなかではとるに足らないものだった。


2007年末に始まったパキスタン・タリバンと軍部の内戦はどちらかが優勢になることもなく続いている。1万2千人にものぼる兵士はミンゴラ中どこにでもいたし、戦車も入ってきた。敵兵はわずか3千人と言われていたが、彼らはせんぷくしていてどうしようもなかった。

人々は恐怖《きょうふ》をいだいていた。タリバンから独自の掟《おきて》を強要されていたのだ。つまりは命令だ。掟《おきて》を伝える手段は街角で配るビラだ。音楽が禁止されたときはこんなビラが配られた。

『音楽関連の店やしせつ、CD販売店、インターネットカフェ全てに告ぐ。3日以内に業務の変更をし、犯した悪行をくやまなければならない。背いた店舗《てんぽ》はばくはに処す』

夜になるとタリバンは非合法のラジオ電波を通して人々に語りかける。こんな布告にもわずか数日のゆうよしか与えられなかった。

『1月15日から女子は学校へ行ってはならない。背いた者の保護者およびその者の所属する学校が責任を取るものとする』

これは決してじょうだんなんかではない。女子が登校したという理由だけで、タリバンはその前の年に150もの学校をはかいしていた。

マララの家族にとってこれは二重の意味で恐怖《きょうふ》だった。彼女の父ジアウディン・ユスフザイは女子校を経営していたからだ。いったいどうすればいいのか。14年間、家族にとって学校は、心のかてのみならず飯の種でもあったのだ。

「マララ、朝ご飯よ！」

恐怖をかぞえてねむる夜がまたひとつ明けた。

食たくには卵焼きとワッロ・ドダイ（スワートで米粉で作る平らな形のパン）が並んでいた。お母さんは子どもたちの成長のために、ある限りの食りょうを食べさせるつもりらしい。

マララは食べ始めたが、頭ではもう通学路の心配をしていた。タリバンが決定した学校へいさの期限はまだ12日後だが、それまでに顔に酸をかけられない保証はない。

その時点で二人の女の子が被害にあったという話だった。火の中に投げ込まれたビニールのように、酸にふれた皮ふはとけて変形する。目も鼻も耳もだ。誰《だれ》の顔だかわからなくなる。

ましてやその痛みはどれほどのものか。命令に従わないものに対してタリバンが与える罰《ばっ》のひとつだ。

学校の制服は青だった。丸えりと白いふちどり。丈はひざまであって、その下はうすい色のズボンであればよかった。寒いときに着る赤のセーターもあった。そして最後にこい色のストールで頭からかた全体を包む。

いつものようにお母さんは制服にアイロンをかけて、マララの部屋の目立つ場所にかけた。マララはこの制服がとても好きで、その日も朝食を終えると早速着がえようとしたが、校長が人目につかないようにするために私服で来なさいと言っていたのを思いだした。そこでマララはいちばん好きなピンクの服を選んだ。

ハリー・ポッターのリュックを背負って歩きだす。学校は家からわずか15分のきょりだ。青いサンダルで道路のアスファルトを一歩一歩進みながら、マララは思う。この朝の時間は、世界中の女の子が登校するんだろうな。しかしタリバンはマララのような女生徒は地獄《じごく》へ行くことになる、と断言していた。

一定の歩調でゆっくりと、家々を囲むれんがべいに沿って歩く。有刺鉄線《ゆうしてっせん》が巻かれたへいもある。植えこみの先たんや木の頭がつきだして見えているところもある。

お父さんはマララを送っていかないことを選んだ。人目をひいて娘《むすめ》を危険にさらしたくはない。彼はミンゴラでは有名人だ。

その日、少女たちの多くは明るい色合いの服を着てきたので、教室はなんだかくだけたふんいきになった。しかし朝礼に立ったアガーラ校長は、翌日から全員もっと地味な服装で来るように、と言った。

「本当のことを言って、マララ。タリバンは学校をおそうの？」

年下のアスマーがなみだを必死にこらえてきいてきた。

マララはなんと答えていいかわからなかった。

27席中16席が空いていた。

仲よしグループの中の3人は、すでに家族とともに、より安全な遠くの町、ペシャワール、ラホール、ラーワルピンディーへと引っこしていった。

ザキアも行ってしまった。彼女の父親はミンゴラ近くの村の小学校の先生、母親は看護師だったが、軍のばくげきがあるわ、タリバンの検問はあるわで、これは家族でひなんするほうがいいと考えたのだった。どこか別の場所へ。

それでもマララは気持ちをふるい立たせて小さいアスマーに答えた。

「大丈夫よ。みんなで力を合わせたらきっと乗りこえられるわ」

留まるのは勇気のいることだった。マララだってまだ子どもと言っていい歳《とし》だったが、不安やおじ気づいた顔をうかつに見せてはいけないと感じていた。

それにマララという名前は、150年前この辺りに住んでいたという女性ゲリラ戦士、マイワンドのマラライにちなんでお父さんがつけたものだった。実際彼女が住んでいた場所はアフガニスタン領内なのだが、当時パキスタンとアフガニスタンの間の国境はまだ存在しなかった。

マラライは牛飼いの娘《むすめ》で、17~18歳《さい》、ちょうど結こんを間近にひかえていたころにイギリスがアフガニスタンに進攻した。マラライの父とこんやく者が兵役に発つと、彼女はそれについてゆき、負傷兵の世話をしたり水や武器のほじゅうを行った。

マイワンドという場所で両軍がしょうとつしたとき、旗手のひとりが戦死したことをきっかけにアフガン軍は希望を失いかけた。するとマラライが戦場に飛びだし、かみをおおっていたベールを取って、それを旗にした。

そしてこう歌いだした。

恋人が祖国を守るために流した
その血のひとしずくで
わたしはおでこに赤い点を描《か》きましょう

それはきっとあまりに美しくて
庭のバラの花もうらやむでしょう

てっ退し始めていた男たちは、マラライの勇気ある行動を見てはじ入り、再び勇気を持って戦い続けた。

マラライは銃弾《じゅうだん》に当たって死んだ。しかし彼女の行動のおかげでアフガニスタンはこの戦いに勝利した。

マララも友だちとよくこの歌を口ずさんだ、それは女の子でも勇気があれば素晴らしいことができるという証明なのだ。

目かくし鬼

学校の帰り道、すぐ後ろの男が「殺すぞ」と言っているのが聞こえて足を速めた。少ししてから、まだついてきてるかと思ってふり返ったら…。なんだ、携帯電話《けいたいでんわ》に話してたのか…誰《だれ》か別の人をおどしてるんだ。

数日前からマララは、日々の出来事を語る日記をつけ始めていた。彼女が電話でジャワドに語ってきかせて、ジャワドがそれを書き取るのだ。

ジャワドはお父さんの友人のジャーナリストで、イギリスの主要テレビ局のウェブサイトにブログのようなものを書いてくれる女の子をさがしていた。スワートの人々がどれだけ過こくな日常を送っているのかをリアルタイムで世界中に伝えることがそのブログの主旨《しゅし》だ。

マララのお父さんは、娘《むすめ》さんに協力してもらえないかと何人かに聞いて回ったがどこの親も答えはノー。彼らはこわいのだ。それは責めることはできない。

お父さんは困って友人にこう言った。

「マララにやらせたらどうだろう?」

「まだ子どもじゃないか」とジャワド。

「うちのマララならできるさ!」

マララも乗り気だった。学校を救えるかもしれない。

毎回、電話は約束した時間にかかってくるので、その前に特製のSIMカードを携帯電話《けいたいでんわ》に入れる。念のため、発信元が割りだせないようにするためだ。ジャワドのすすめだった。

ジャワドはマララに『グル・マカイ』というブログネームも考えてくれた。

お母さんとお父さんとジャワド以外、その正体を知るものはいない。4人の秘密にしておいた。

政府が学校を守ってくれるだろうって今日お父さんが言ってた。首相もそう約束したんだって。最初は、ああよかったって思ったけど、今はそれでも問題の解決にはならないって思う。スワートでは、兵士が殺されたとか、あちこちでおそわれたってニュースが毎日流れてるのに、そこに警察の姿を見た人はいないんだから。

金曜日の午後、授業がなかったからずっと遊んでた。夜になってテレビをつけたらラホールでばくはつがあったって言ってた。何でパキスタンはこんなことばかり続くの？　って思った。

今日はお休みだ。朝ゆっくりねて10時ごろ起きた。お父さんが緑の広場の近くでまた3つ死体が見つかったって話してた。悲しくなった。

ふたりはわずか数分話すだけだ。マララはそんな短い時間でこの複雑な現状を説明するのはとうてい無理な気がした。細かいところまで思いだす自信もなかった。

その朝もお父さんが緑の広場で殺された女の人の話をしたけど、頭に入ってきたのは『シャバナ』という名前だけだった。

緑の広場。お父さんはまだあえてそう呼ぶけど、もう誰《だれ》もその名前はつかわない。ミンゴラの人はみんな『血の広場』って呼んでいる。タリバンが、命令に背いた人の死体をそこに並べるからだ。死体はそこを通る人への警告だ。警告は人の口から口へすぐに伝わる。

シャバナはいったい何をしてそこに並ぶことになったのだろう。

「わっ！」

ぼんやり考え事をしていたマララは周りを囲んだ子どもたちにおどろかされた。ジーシャンおじさんとその家族が全員やってきていた。おじさんの家がある田舎の方で戦とうが激しくなってきたので不安になったらしい。マララは母のする家事を手伝い、宿題を済ませて、午後はいとこたちと遊んだ。高いレンガべいに囲まれた中庭で、バラの植えこみやせんたく物にぶつからないように気をつけながら。

中庭のすみっこではお父さんが新聞を広げていて、そのまわりでめん鶏《どり》が地面を引っかいていた。

マララは、自分が11歳《さい》で一番年上だからしっかりしなくちゃと思っていたが、遊び始めると小さい子たちのむじゃきさが移っていつの間にか自分も楽しんでいた。

いとこたちのお気に入りの遊びは目かくし鬼だ。マララはショールを首の後ろで結わえて目かくしにして子どもたちを追いかける役になった。

タリバンも人に罰《ばつ》を与えるときは顔におおいをかける。

マララは道を歩いているときにもらったある一枚のCD-ROMを一度パソコンで見てみたことがあった。そこには地面にうつぶせにされた『罪人《ざいにん》』が映っていた。フードをかぶった男が数人でおさえつけ、もうひとりの男が太い革のむちでその背中を打っていた。

「1！　2！　3！」

目かくしをされたマララが数をかぞえる。その間にいとこたちは逃げ、鬼はかぞえ終わったら探し始める。

「1！　2！　3！」

動画の中の男がむち打つたびに観衆がさけぶ。

マララは、なんで人々が広場へそんな見せ物を見にいくのかわからなかった。

別の動画には最前列で見ている幼い子どもが映っていた。せいぜい5歳《さい》ぐらいだ。ということは弟のアタルと同じ歳《とし》。その動画の『罪人たち』は目かくしをされて一列に並ばされていた。そして、銃《じゅう》で撃《う》たれるのだった。

でも一番むごい目にあうのは政治家と警察官と活動家だ。彼らは首を切り落とされて遺体をさらされる。首をお腹の上にのせられた状態で。そこにおどしのメッセージが置かれることもある。

『この死体を明日の正午までに動かした者は同じ目にあわせる』

きっと彼らはシャバナにも同じことをしたのだろう。でも今はタリバンのことも彼らの非道さのことも考えるのはやめよう。

マララは方向がわからなくなるようにその場でぐるぐる回る。今は目かくし鬼の遊びの最中だ。そして平こう感覚を取り戻したら全力で走るのだ。

お話

顔の前で両手を広げる格好でお祈《いの》りをする。

そして、応接間のソファの前のゆかに座り、あぐらをかいて夕食をとる。お母さんは牛肉のカレーとたくさんのごはんを用意した。

マララはじゅうたんに青のナフキンを広げ、上等な食器を並べる。お客さんが来ているからだ。客をもてなすのは彼女の役目だ。食後にはミルクティをいれる。

最後にお父さんがソファにこしをかけ、毎晩やっているように携帯ラジオのチューナーを合わせ始める。

至って日常の様子だが、わずか1年半前はこうではなかった。あのころは夕食が終わると散歩に出かけていた。マララはそれがずっと昔のことに思えた。今はもう日が落ちると危険で出歩くことはできない。

なので家にいてラジオをきく。音楽の流れないラジオ。タリバンの説教のみを流し続けている。

「今夜は入らないな」

お父さんはそう言いながらも調整し続ける。ラジオの右側についたツマミをお父さんが回し、聞き慣れた声をなんとかとらえようとみんな必死で耳をかたむける。それはタリバンの指導者マウラナ・ファズルッラーか、副指導者のマウラナ・シャア・ダウランの声だ。マララのお父さんはもちろん彼らを信奉《しんぽう》しているわけではない。民兵の動きをつかんだり、家族と学校を守る方法を考えるための情報収集としてラジオをきいていたのだった。

「軍が電波ぼう害をしてるんだろう」

夕食後に来て話に加わっていたお父さんの友人サジドゥが言った。

サジドゥはマララの英語の先生でもある。会うたびにカナダに移住する話をしているが一向に出発しない。ミンゴラより北にあるシャカルダラという村に住んでいて、彼らに会いにくるのは2週間ぶりのこと、外出禁止令が解除になってやっと来れた。

「やった！　また教えてもらえるってことね！」

マララはさけんだ。でも、もうじき学校がなくなってしまうかもしれない。それを思いだすと笑顔は消えた。


「マララ、マララ、写真見よう！」

幸いまだ小さないとこたちがいるので、気をまぎらわすことができる。彼らは古いアルバムを見たいとさわいでいた。そしてマララを質問ぜめにした。

「これ誰《だれ》？」

「この人の名前なに？」

「これ、なんの写真？」

マララだって昔の写真を見るのは好きだ。家族で行ったピクニックの写真は特に。

それはユスフザイ家の日曜恒例の行事。少なくとも以前はそうだった。

一番年下の子たちは戦争が始まってから生まれていて、写真を見ながらきくマララの説明は、彼らのまったく知らない平和な世の中のお話、それはまるで、ねるときにきくおとぎ話の世界だった。

「これはマルガザルよ。全部大理石でできた有名な白い宮殿《きゅうでん》があるところ。スワートがパキスタンに併合《へいごう》される前はスワートの王子様の避暑地《ひしょち》だったの」

「これはフィザ・ガッド公園。この日は日曜日で、みんなお腹が破れつするぐらい魚を食べたわ。ずっと山を見ながら…この山にはね、エメラルドの宝物がうまってるのよ」

「これはカンジュ…」

カンジュでは数ヶ月前に交番で二人の子どもがけがをしていた。とつぜん人がおし入ってきて警官を撃《う》ったのだが、二人の子どもはどういうわけかその中で見つかっていた。マララはこの話はいとこたちにはしなかった。

「さあ、ねる時間！」

マララはアルバムを閉じて言った。

お母さんはすでに自分の部屋に入っていた。家族以外のよその男の人が家に来たときはいつもそうする。

「いたずらっ子たち、さあ君らもおねんねだよ！」

お父さんが弟たちに言った。

マララだけはおそくまで起きていることが許されている。

ふとマララは窓の外に目をやった。夕暮れどきというのは、いつもなにかの前ぶれをはらんでいるように感じる。

タリバン指導者マウラナ・ファズルッラーは、高地のどこかにせんぷくして、そこからラジオを通して語り、敵を襲撃《しゅうげき》するときだけ移動するのだった。

もうすぐ山が見えなくなって、ミンゴラの町に灯りがおずおずと灯りだす時間だ。ひとつ、またひとつと、まるで気づかれたくないかのように。

少しぼやけて見えるあの小さな灯りのひとつひとつにマララと同じような家族が住んでいる。それぞれが食卓を囲み、それぞれのお話をしている。このときマララはとても大切なことに気づいた。タリバンは人を撃《う》つことができるかもしれない。ばくはしたり、人の顔に酸を投げつけたりもできるかもしれない。だけど全てをはかいすることはできない。人の幸せな思い出を消してしまうことはできないのだと。

マウラナ・ラジオ

マウラナ・ファズルッラー。大人たちが話を始めると、必ず最後はこの男の話になる。スワート渓谷《けいこく》のタリバン指導者であるこの男の経歴は、現実とつくりごとがないまぜになっている。

子どものころから川にかかったリフトで働き、イスラム教寺院の導師もしていた。今は35歳《さい》前後になる。

彼はコーランの教典をそらで言えると証言する人もいれば、あれは学校もちゃんと出ていないサギ師だと言う人もいる。

うわさによると自分の恩師の娘《むすめ》と結こんした。恩師とは、アフガニスタンへ行って『聖戦』に参加して戦えと若者をそそのかしたイスラム教界の重ちんなのだが、ファズルッラーは結こんに反対されるのをきらって師のりょうかいを得ずに結こんしてしまったらしい。

いつも白馬に乗っているとも言われる。

ひとつ確かなこと。それは彼に富を築かせたのはラジオだということだ。

ラジオの力でマウラナ・ファズルッラーは人心をつかんだ。

彼の声は台所や寝室にまでもぐりこんで、神をおそれる女たちや職にあぶれた若者をも取りこんだ。スワートの人々は彼を『マウラナ・ラジオ』と呼ぶようになった。

最初は常識的な説教だった。1日5回祈《いの》りなさい、罪《つみ》を犯さないようにしなさい。ふはい政治を批判し、アメリカによるアフガニスタン紛争《ふんそう》を批判した。

「どうしてみんな彼を支持するの？」

マララはサジドゥにきいた。

「いい質問だ！」

『サジドゥの話し方は授業じゃないときも先生っぽい』。マララはそう思ってちょっと笑った。

「最初はみんなマウラナ・ファズルッラーのことをかいけつゾロみたいに思ってたんだ。仮面の代わりに長いひげで顔を半分かくして、ぼうしの代わりに黒いターバンを巻いて。もっとよくいえばロビン・フッドかな。失業者に仕事をあたえて、文無しの日やとい労働者に耕す土地をあたえた。『この世の不公平がなくなって腹が満たされる、死んだら天国へ行ける。それ以上人生に望むものはないでしょう？』そういう幻想《げんそう》をファズルッラーは人々にいだかせたんだよ」

マララは先生の方を見た。ソファに座ったやせた身体《からだ》。見るからに何ヶ月も散ぱつに行っていないのびたかみ。サジドゥは考え過ぎてやつれたように見える。

「しんきろうを信じて進んだら大変なことになる。マララ、わかるかい？　目が覚めたときには砂漠《さばく》の真んなかでひとりぼっち、水もないんだよ。それなのにみんなファズルッラーの建てたしんきろうを信じたんだ」

彼に金品を差しだす者がいる。小麦粉、油、砂糖をあげる者、セメントとレンガを提供する者もいる。女たちは、敬意の念と経済的自立の象ちょうとして宝石を彼にささげた。彼が自ら所有者に無断で取ってしまったものもある。川向こうの土地がそうだ。ミンゴラからそう遠くない場所に、集まってきた供え物をつかって彼はマドラサと呼ばれる神学校を建設した。3階建ての大きな建物だった。何年もの間、こうした彼の行動を国はもく認し、誰《だれ》も止めようとしなかった。

ファズルッラーは、信奉者《しんぼうしゃ》が増えるにつれて、より厳格に、より非寛容になっていく。そしてあらゆるものを禁止するようになった。

そのリストは長い。

映画やテレビを見ること：禁止

音楽をきいたりおどること：罪

ひげをそること：追いはらうべき西洋の習慣

ポリオワクチンの接種：アメリカのいんぼう

生活のありとあらゆる部分に関して彼は新たな規則をつくった。女性の服装も然り。

スワートの女性の服装は、彼の判断するところによれば、よろしくない。パキスタン北部の他の地域で使用されているブルカをあまりつかわないからだ。スワートでは、ズボンとチュニックを着た上に、出かけるときには通常白いチャードルで頭を包み、身体《からだ》にも巻き付ける。この辺りではパロネイと呼ばれるものだ。少女たちはもっと短いストールのサッダールをつかう。冬はウール、夏は綿か麻製だ。家のなかでは、パシュトー語でルパタ、ウルドゥー語でドゥパッタと呼ばれるうす手のショールをつかう。

ファズルッラーはあき足らない。ブルカに加えて小さい長方形のネットを目の前につけるのがよい。いや、むしろ外出はひかえるほうがよい。女の居場所は家なんだから。タリバンはそう説いた。

「神の名を借りたテロだよ！」

マララのお父さんはそう断言する。

「今朝理髪店《りはつてん》でもそう言ってやったんだ。わたしのひげを切るのを断りやがったんでね。『なんで自分の頭でものを考えないんだ？　働いて家族を養わないといけないんじゃないのか？　よいイスラム教徒でありたいって？　だったらモスクへ行って祈《いの》ればいいじゃないか！　断食の月になれば断食すればいいじゃないか！』ってね。そう言ってやったんだ。だが理髪《りはつ》師《し》は何の反応もしなかったよ」

サジドゥは、ソファカバーの緑と赤で描かれた模様にうもれながらきいていた。悲しい遠い目をして。

「ジアウディン、人々が目覚めつつあることも事実なんだ。そしてファズルッラーとその信《しん》奉者《ぽうしゃ》たちにもみんな『どうか出て行ってくれ』って言いたいんだ。だけどもうおそすぎる。奴らは増え過ぎた。そこら中にいる。はかい活動が拡大してて、テレビもビデオもパソコンも燃やしてしまう。交差点で見張ってて、車のカーステレオを外せと命じる。老人のもつ知恵と記憶をきらって彼らを殺す。やつらを支援しないムッラーのいるモスクもこわす。女たちの顔を酸でつぶすのも平気だ。やつらは僕たちの文化を消し去ろうとしてるんだ」

話を聞いていたマララは心臓がばくばく鳴りだした。タリバンの最後通達に自分とスワートの5千人の女学生が追い立てられているのを感じた。カウントダウンは始まっている。カウントゼロになったら真っ逆さまに落ちるしかない。

マララはわからなかった。学校へ行くのが日に日にこわくなる。でも1月15日になったらもう学校へ行くことすらできなくなる。どっちもこわい。

もうあと1週間と少しだ。そのあとは?

頭の中が疑問でいっぱいになった。

どれひとつ今夜中に答えがでるものはない。

マララはみんなにおやすみなさいを言って、悪夢を見ませんように、と祈《いの》った。

少女たち

問1。あるバスは一日目に280キロ走ります。二日目に950キロ、三日目に390キロ走ります。

問2。ある果物屋では、月曜日は果物を100キロ売ります。火曜日は50キロ…。

今朝マララがちゃんと集中できた問題は問6だけだった。女学校禁止令が施行《しこう》されるまであと何日ですか？

アイザック・ニュートンににらまれちゃうな。入口にあるニュートンの肖像画《しょうぞうが》。生徒たちが教室にかけこむ前にリュックを置いておくベンチの上にかけられている。年少の子はそこでベールをぬいでしまったりもする。小学校に上がったときから、もうみんな女性と見なされるので、外を歩くときはベールをかぶらなければならない。

ホシャルとアタル、マララの弟は10歳《さい》と5歳《さい》になるが、別の学校に行っている。

マララにとって学校は第二の家のような存在だった。彼女が小さく、まだ弟たちも生まれていないころ、お父さんお母さんと3人で教室の間につくった部屋を住まいとしていた。マララは毎日机の間を走り回って遊び、授業中は年上の子たちに混ざって座り、瞳《ひとみ》を好奇心にかがやかせて、先生の話をきいていた。

時とともにマララはいろんなことを身に付けた。

第7学年、中学2年生となった今のマララは、小論文を書いたり、友だちとディベートゲームをしたり、数学に、科学に、数種類の言語も学んでいる。

授業のほとんどはウルドゥー語で行われるのだが、ウルドゥー語以外にも、パシュトゥーン族の言語であるパシュトー語も勉強した。これは、マララの家族をふくめ、パキスタン北部に住む人々の多くが家で話す言葉だ。マララは、英語の成績はクラスでも指折りだし、イスラム教の授業ではアラビア語も少し教わっている。ウルドゥー語とパシュトー語の詩もたくさん知っている。愛やぼうけんの詩だ。お父さんがホシャル・ハーン・ハタックという詩人の大ファンだったので、小さいころから家でなん編かはそらんじていた。お父さんは詩人を尊敬するあまり、『幸せ』という意味のそのホシャルの名を学校にもマララの弟にもつけたほどだった。『苦しみにさいなまれる』という意味のマララの名前に比べたらはるかに楽しそうだ。

でも彼の書く詩は楽しいものばかりではなかった。例えばこんな詩がある。

平原にさき
山にしげる
春の花よ
さきほこるその盛りにあれど
果ては花びらを失うのだ

時折マララは彼の本ににげこむことがある。どんなに鬱々《うつうつ》とした詩でもこの不安な現実よりはマシだから。でもその日の休み時間はライラが、いつもの明るい口調で言った。

「悲しい話ばっかりもうたくさん！」

〝よかった、ライラがいてくれて〟マララは友に笑みを返しながら思った。

ライラのお父さんのことも、ミンゴラには〝彼がいてくれてよかった〟と思っている人がきっとたくさんいる。ライラのお父さんは理髪師《りはつし》だ。

町の店がひとつまたひとつと閉まっていくのはさみしい。でもライラの両親のようにふん張っているところもまだある。

「ムハッラムはどうしてた？」

とライラがたずねた。イスラム暦の新年の始めの祭事ムハッラムには数日間学校が休みになった。

「うちはブネールに行ったよ」

　マララは答える。

「行ったことある？　すごくきれいなところ。平和だし。向こうは銃《じゅう》を撃《う》つ人もいないし、誰《だれ》もこわがってないの。前によく行ってたピクニックを思いだしちゃった。おじさんたちやいとこたちもいっしょだったのよ」

「ブネールってピル・ババ霊廟《れいびょう》があるところよね？　そこにある泉の水でハンセン病が治るって本当？」

　ライラは興味津々だ。

「さあ。でも人でいっぱいだったよ。参拝にきてる人は、信心深い人なら、ピル・ババの墓前でお祈《いの》りをする前にピル・ババがその願いをかなえてくれるんだって言ってた。散策する人もいて、わたしたちはバザールのお店を見て回ったの」

「何か買った？　見せて！」

「ううん。わたしは欲しいものなかった。お母さんがイヤリングとブレスレット買ってたけど」

「のんきな話してるね」

ファティマが急に割って入ってきた。

「シャバナの話、聞いてないの？」

『シャバナ』…マララは声に出さずに反復した。頭からはなれないその名前…。

「シャバナは結こん式に呼ばれておどるダンサーだったの」

ファティマは説明した。

「家に来たらしいよ。ドアをノックした人がいたから、『どなた？』って彼女がきいたら『パーティにおどりにきてもらいたいので、予約に来ました』って言うから彼女は信じて何のためらいもなくドアを開けたのね。悲鳴が近所まで聞こえたそうよ」

「タリバンなの？」

マララはきいた。

「そうよ。彼女をなぐって、長い黒かみをつかんで引っ張ったんだって。『お前は死ぬべきだ』って言って。シャバナのお母さんが走り寄って、娘を助けてくださいって必死でたのんだそうよ。もう決しておどらせませんからって。奴らは『だまれ、ばばあ』って背中にツバをはいたらしい」

ファティマはとうとうと流れる川のように話し続ける。

「お母さんははだしで追いかけた。助けてくださいって言いながら。道の冷たさも落ちているガラスもいとわず、必死にすがった。血の広場まで来たとき、シャバナがひとつだけお願いをきいてってたのんだ…」

ファティマはふっとだまった。マララとライラには無限にも感じる数秒間。

「…のどを切るんじゃなくて射殺《しゃさつ》にしてって。そこだけは聞き入れられた。それを聞いたお母さんはくずれ落ちた。次の日シャバナの遺体は血の広場に置かれてた。彼女のまわりには、ぶじょくするかのように、お札や彼女のダンスショーのＣＤやアルバムからはがした写真がたくさんバラまかれてたの」

マララとライラには話す言葉がなかった。それ以上ききたいと思わなかった。知りたくもなかった。

かねが鳴る。

休み時間は終わった。普通の女の子の楽しいおしゃべりはほんの一日ももたなかった。

市場

くつ、洋服、おもちゃ、アクセサリー、香水、ブラジャー、マニキュア…あふれかえらんばかりにものが積まれたワゴンの列。チーナ・バザールは泉のバザーと呼ばれる。

ミンゴラの人々は『女の市場』と呼んでいた。それなのにもう女の人は行くことができない。

数ヶ月前まで、マララとお母さんのトゥールペカイはここで居間のソファにかける布やら制服にする生地を買っていた。イード・アル・フィトルというラマダンが明けたことを祝う祝日には、プレゼントを買う人でいつもごったがえしていた。独立記念日には、市場の道にパキスタンの国旗と花かざりがたくさんかざられた。

それももうない。

タリバンが女たちに買い物に出ることを禁じてからみんななくなった。市場入口の目立つ場所にこう書かれた横断幕がかかげられている。

女性はチーナ・バザールにおける買い物を自粛《じしゅく》するよう勧告する。その代わりは男性が務められたし

これは命令だ。

だからマララとお母さんは市場に近づかないようにして、どうしても必要なときにはお父さんに行ってもらっている。お父さんの話では、家の女たちに言われたことを思いだそうと、くつのワゴンの前で途方に暮れて何時間も立ちつくす夫や、兄弟、父親を何人も見たらしい。男の目にはどのくつも同じに見えるのだ。だからといって手ぶらで帰るわけにはいかないし、ちがうものを買って帰るわけにもいかない。

お母さんは笑う。

「そうでしょうよ。だから、どうしてもってときにしか行かせないわよ！」

店の方も困っていた。人もまばらな店内を見わたして、やって来ない客を待って座っている。家賃と電気代をはらうのもやっとだ。化粧品《けしょうひん》や香水、下着を売る店にはきょうはく状が届いていた。でもその反面、家賃の最低額をタリバンから保証されている店があるといううわさもあった。民兵にしても商人を敵に回したくはない。

とはいえ、そんなものは焼け石に水だ。商売は上がったり、市場はもうほとんど人が来なくなった。女たちは家に閉じこもっている。おびえて、買い物に行くどころか、必要がなければ、ちょっと外に顔を出すことさえしない。

タリバンの怒りの的となったダンサーやミュージシャンたちは、仕事を辞めて信心深い生活を送ります、と新聞に宣言をのせるよう強要された。そしてシャバナの事件が起こってからは、家の戸口に『ダンスはやめました。どうかノックしないでください』と張り紙を出す者もいた。

次にタリバンは働く女性全てを非難し始める。頭から足首まで全部おおうブルカの着用も義務とした。

マララの学校で清そう員をしていた女性は、お気に入りの花がらのショールができなくなってぐちを言う。

「息がつまるわ」

彼女だけではない。

「目かくしされた馬みたいな気がしてくるわ」と息巻いて怒ったのは小学校のシャーヒ先生。一番若いシャリーサ先生は少しでも楽しくしようと明るくふるまった。

「わたしには裏の顔があるのよ。スパイダーマンみたいにね！」

生徒たちにそう言いながら、先生がベールをとると、かみがぐしゃぐしゃになった顔があらわれるのだった。

外出するのがとても危険になった。

人づてに聞いた話では、ある女の先生が、命令に背いて仕事を続けようとしたところ、ただそれだけで捕らえられ、しょう婦のようなすずの付いたアンクレットを付けさせられて、そして、殺されたという。

でも、看護婦に対して仕事を禁じることは難しい。病院は必要不可欠だし、それはタリバンや彼らの妻にとっても同じだ。そこでタリバンは看護婦たちの家の門にきょうはく状をはって、『イスラムの服装をせよ』と命じた。ブルカを着て病人の世話をするのはすごくやっかいなことだけど、だからといって誰《だれ》に守ってもらえばいいのか？　警官も殺されたくないから百人単位でどんどん仕事をやめ、やめたことを名前入りで新聞に公表しているというのに？　だから看護婦たちは命令に従った。中には結局タリバンの言うことを信じてしまう人もいた。ザキアのお母さんの助手のひとりがそうだ。彼女は「わたしたちの居場所は家です。わたしは残念ながら独り身ですけど、もし結こんしていたら夫も子どもも犠牲《ぎせい》にして、マウラナ・ファズルッラーのために全てをささげます」と言った。

ザキアのお母さんは、あなたは間ちがってるとちゃんと言ってあげたいと思ったけど、告発されることをおそれた。だからなにも言わずに荷造りをして、夫と娘を連れ、スワートを後にした。

夜になるとタリバンはラジオでしょっちゅう人名を読み上げた。それが『罪人』なら死刑に相当し、『改悛者《かいしゅんしゃ》』なら処刑はまぬがれた。

仕事をやめた看護婦や教えることをやめた先生、学校に行くのをやめた女学生も、『改悛《かいしゅん》者《しゃ》』として名前が挙がることがあった。

タリバンは、自分たちの狩りの成果を見せつけるために、この名前の読み上げをやっている。そして、ラジオで名前を読まれた女は、すなわち、市場や学校、職場、人生の舞台から姿を消した女だった。

テレビカメラ

マララはうす目を開けて時計を見た。

まだ5時を過ぎたところ。いつものばく音と、興奮したニワトリの鳴き声で目が覚めたのだ。ニワトリも飛び起きてしまったのだろう。学校へ行くにはまだ早過ぎるのでもう一度ねむろうとしているとき、門の方で音の気配がした。重い身体《からだ》をやっとこさ動かしてマララは急いで服を着た。お父さんが心配だ。

お母さんは寝室の窓の内側にはしごを置いていた。これで、もしタリバンが夜中にやってきてもお父さんはにげることができる。

マララは長いかみを茶色いウールのショールでおおいかくす。サンダルの足元には赤くぬった足のつめが見えている。げん関のうす暗がりをぬけて急いで中庭の方へ行くと、お父さんが男と話しているのが見えた。ふたりは何やら激しく言い合っている。

このところマララもお父さんをうまくにがす手だてをいろいろ考えていた。ひとつは、トイレにかけこんで警察に通報する方法（警察の来るのが間に合わなければダメだけど）。もうひとつはお父さんを食品庫にかくす方法（そこまで開けられてしまったらダメだけど）。または、お母さんの服を着せて顔とひげをうまくかくしてしまう手もある（ブルカをつかえばできそうだけど、声でバレるかもしれない）。

中庭に続くとびらが半開きになっている。マララは近づいた。

男とお父さんは彼女に気づかずに話し込んでいる。

マララは音を立てないようにしながらもう少し近づいた。

男はよく知った人だった。

あんどのため息がもれる。ジャーナリストのジャワドだ。

それで思い出した。今日は1月14日。

ジャワドは女学校を取材したドキュメンタリーを制作しようとやってきたのだった。そのためにマララの日常も撮影《さつえい》させてくれるよう、お父さんを説得していたのだ。

最初お父さんは反対した。娘《むすめ》や家族を危険な目にあわせたくはない。でも、スワートで起こっていることを世界に知らせなくてはならない、という意見に最後にはりょうしょうした。

ジャワドは、ペシャワールからパキスタン人カメラマンとともにスワートに入った。メインのルートをさけ、夜にまぎれて。ドキュメンタリー制作のいらいをしたアメリカ人のアランというリポーターはいっしょじゃなかった。ミンゴラはもう外国人には危険過ぎるのだ。

そうした事情だったので、ジャワドをかくまい、もてなすのは、マララのお父さんにとっても当然のことだった。パシュトゥーンのほこりにかけても。

「アッサラーム　アライクム（こんにちは）」

ジャワドはあいさつをして、マララの部屋に入っていいかとたずねた。

「ワライクム　アッサラーム！　パカエル　ラグレイ！（あなたも平和にとうたつしますように）」

マララはいつもお客さんに言うように答えた。そしてカメラマンが撮影《さつえい》を始めた。テレビカメラの前に立つのは初めてじゃなかったがマララはきんちょうした。

1年前、お父さんに連れられてペシャワール報道協会に行ったことがある。ホールには手にメモ帳をたずさえたリポーターや新聞記者、そしてカメラをかついだカメラマンがいっぱいいた。みんなたばこを吸ってひそひそと話していて、会場は終始ざわついていた。

マララはいざ話すように言われたとき、自分でもおどろくほど、簡潔で自尊心にあふれた言葉が自然に口をついて出てきた。

「どうして学校に行く権利を取り上げようとするんですか？」

マララはカメラを見すえて言った。

彼女は座ってテレビを見ているパキスタンの人々を想像した。みんなにわかってもらえるようにウルドゥー語で、そのひとりひとりに向けて話そうと努めた。そして、きっとタリバンの中にも見ている人がいると思って、彼らに向けてもこう言った。

「学校をへいさすることはできても、わたしが学ぶのをこばむことはできませんよ」

でも今夜の撮影《さつえい》は全然ちがう。カメラは洗面所までついてきた。まさか歯みがきするところまで見たい人がいるの？

「ふつうにしてて、マララ」と鏡《かがみ》に映ったジャワドが言う。

「レンズをのぞきこまないで」

そう簡単に言われても…。


お父さんのほうは、しき物の上にあぐらをかいて座って、とてもリラックスして記者と話していた。

「僕は理想主義者なのかもしれないし、ただのばかなのかもしれないね。友人たちはなぜスワートを出ていかないんだって聞くけど、僕は、僕にたくさんのものをくれたこの谷が大変なときに見捨てることができないんだ。今出ていくなんて、そんなのは友だちのすることじゃないだろう？　人々がこのじょうきょうからぬけ出せるように導くのは僕の義務だ。それで死ぬんだったら、そうだな、それこそ本望だよ」

マララはお父さんのとなりにひざをかかえて座った。お母さんはよその男の人が来ているときの慣習でその場にはいない。マララはまだ子どもだから、女の世界にも男の世界にも自由に出入りできるのだ。マララももう少し大きくなったら自分も女としてふるまうようになる。

「今日は学校最後の日でしょう。どんな気分？」

ジャワドの質問とカメラの視線を受けてマララは我に返った。そう、今日は1月14日だ。

「こわいです。わたしは勉強がしたい。医者になりたいんです」

マララは目をうるませ、手で顔をおおってうなだれた。左側に座っていたお父さんが優しく言った。

「大丈夫だよ。落ち着いて」

話を続ける力がわいてきた。

「医者になりたいです。わたしの夢なんです。お父さんは医者より政治家がいいんじゃないかって言うけど、わたしは政治は好きじゃないし」

「でも僕は、娘にはその素質があると思ってます」

話に割って入ったお父さんは、でもキッパリとした口調で言った。

「医者よりもっと、娘は人を助け、医学生が簡単に学位を取得できる社会を作ることができます」

お父さんの願いはマララのそれとはちがっていた。マララはほほえんだ。お父さんの言葉とそのほこらしげな目は大きな力をくれる。

これから彼女には人生で最も困難な日々が待っている。将来のことはまたあとで考えればいい。

最後の日

学校前に兵士を配置させようと軍から申し出を受けたが、お父さんは「タリバンが暴力でへいさしようというのなら、僕は暴力にたよることなくへいさに対こうしたい」と言って断った。

「我々は神の手の中にいるんだ」常々お父さんはそう言っていた。

ジャワドとカメラマンを従えて金属製の黒い校門から学校に入ったマララの耳に、中庭からいつもの国歌せい唱がきこえてきた。毎朝8時ちょうどに朝礼で歌うのだ。

神聖なる大地に祝福あれ
肥よくな領土に幸福あれ
君こそ決意の象ちょう

パキスタンの地よ!

マララは目でライラを探した。生徒の数は全部で20人足らずだからすぐ見つかる。国歌せい唱が終わると、学校長の口から正式に冬休み開始の宣言があった。毎年この時期は試験の前に2週間ほど休みになる。でも今年は事情がちがった。校長先生の話が、かなり近くから聞こえるばくはつのごう音で何度も中断された。年少の子たちはひどく動ようしていたし、ライラさえ不安をかくせない表情だった。アガーラ先生は冬休みが始まると言ったが、いつ終わるとは言わなかった。

それは言い忘れたわけではない。

〝ってことは本当に今日が最後の日なの? このへいの中でみんなで過ごすのも、みんなと友だちになった教室に座るのも?〟

マララが考えているとファティマが息を切って走ってきた。

「両親と兄弟に今日は家にいろって言われて」

ファティマはマララに耳打ちした。

「でもみんな出かけたからこっそり抜けだしてきちゃった。みんな谷から出ていくほうがいいって言うの。学校が再開することはもうないと思ってるから」

撮影クルーは教室にもついてきた。5年A組を通り過ぎて7年A組の教室に入る。

休み時間中、ジャワドは中庭のマララのところに来た。どんな気持ち？　何を考えてる？

ファティマは前日教室で読んだ特別スピーチを記者たちにきかせるためにノートを取りに戻った。

今日のファティマはカミーズ・パルドク、金糸の模様の入ったチュニックとズボンという出立ちでずっとお姉さんに見える。それに、念のためと言うジャワドのすすめで黒いベールをして顔をおおうと、もう誰《だれ》だかわからなくなった。

7人の同級生たちはかたを寄せあうようにして座り、ファティマが読み上げる。それをカメラは撮影《さつえい》した。

「校長先生、わたしのスピーチのタイトルは『スワートの現状』です。スワート渓谷《けいこく》はパキスタンの北西にあるこの世の天国です。たきがあって、豊じょうな緑の丘陵《きゅうりょう》があって、他にも自然の恵みがある土地です。それなのに、友よ、今のスワートは数年前からパキスタンのイスラム民兵組織の中心となってしまいました。こののどかで平和な地が燃えています」

ここまできてファティマは、泣くまいとして一層声を張り上げた。

「どうしてこの谷の平和はこわされたのでしょうか？　どうして罪もない人に暴力をふるうことを目的とするんですか？　どうしてわたしたちの未来をこわすんですか？　学びの場であった学校が今は恐怖《きょうふ》と暴力の場になってしまいました。わたしたちの問題は誰《だれ》が解決してくれるんでしょうか？　わたしたちの谷に誰《だれ》が平和を返してくれるんでしょう？　わたしは誰《だれ》もしてくれないと思います。誰《だれ》も。わたしたちの夢はくだけ散りました。わたしたちはもうぼろぼろです」

中庭のこのスピーチを、青緑色のかべの上で幼稚園《ようちえん》の男の子が、さくの間から顔を出してきいていた。なんでそんなところでひとりでのぞいているのかよくわからなかったけれど、誰《だれ》も問いただそうとはしなかった。いつもなら当たり前の理屈もこんな日は、なりをひそめたようだった。

さくの向こうにははるか遠くの山しか見えない。マララは、小さいころ授業中に年上の女の子たちを一生けんめい見ていたときのことをまた思いだした。

「スワート渓谷《けいこく》！」

マララは感極まってさけんだ。みんなは声をそろえてあとに続く。

「ジンダバド！」

「スワート渓谷《けいこく》！」マララがくり返す。みんなも声を一つにくり返す。「ジンダバド！」

それは『ばんざい』という意味の言葉で、まるでひとりひとりの厳かな宣誓のようにひびきわたった。

休み時間の終わりを告げるかねが鳴る。とはいっても本物のかねではなく、中庭につるした金属板を先生が金づちでたたく。

アガーラ先生はいつもより長めにみんなで遊ぶ時間をとってくれた。最後の日のプレゼントだったのだろうか。

下校する前、みんなはこれまでになくしっかりとだき合ってあいさつを交わした。彼女たちは悲しみをたたえて笑い合った。テレビカメラがあったし、そのあとにやってくるこどく感を少しでも遠ざけようとして、マララはファティマをギュッとだきしめて、キッパリ言った。

「時間はかかると思うけど、いつかきっと学校は再開するわ」

そして校門を出ると、後ろ手に門を閉めて大きな声でさけんだ。

「さようなら、教室！」

でも、カメラが止まると、今日まで第二の家だった建物をもう一度ふり返った。

そしてもしかすると本当にこれが最後になるかもしれないと思った。

退くつ

1年前だったら、「お休みなんてつまらないものさ。それどころかたえられなくなるよ」と言う人がいても、マララはそんなはずないと思っただろう。でも今とても退くつしている。同じ毎日のくり返し。ばく音の夜に始まって、やはりばく音の夜に終わる。何度も目が覚める夜。朝は10時までだってねていられる。学校へいさの翌日からずっとそうだ。でも家に閉じこもるだけの毎日にどんな面白いことがあり得るのだろう?

一番楽しいのは、いとこたちと中庭でやるビー玉遊びだったが、それも早々にあきてしまった。

大好きなテレビドラマ「ある日王子様がわたしを迎えにやってくる」は一番いいところで中断されてしまった。ラーニとユーディが、いろんな出来事を乗りこえて、いろんなやり取りがあって、何度も視線で愛情を確かめ合って、その末にやっと結こんするかというところで、タリバンが衛星放送回線をしゃ断したのだ。ユーディは田舎のお母さんとおばあちゃんにラーニをしょうかいしていたが、まだ宮殿《きゅうでん》にはよからぬことをたくらむ王子のまま母がいた。

マララがドラマの結末を知ることはないだろう。

午後には、マララの勉強がおくれないように見てくれる先生たちが家にやってきた。時々パソコンで遊んだりもしたがそれほど楽しいとは思わなかった。またちがう本でも読み始めようかな。パウロ・コエーリョの『アルケミスト』を読み終えたばかりだった。年老いたサレムの王の言う言葉が印象に残った。〝何か望むことがあれば、全宇宙が共ぼうしてその望みをかなえる手伝いをしてくれるさ〟。学校に行けそうな話はまだ出ない。

5日間でタリバンは5つの学校を倒壊《とうかい》させた。そのひとつは家からすぐ近くの学校だった。

お父さんは言う。

「危険を冒すことはできないよ。学校に戻るのはタリバンがラジオで女子全員にその許可を出してからだ」

最後までファズルッラーが考えを改めてくれればと望んでいたお父さんだが、やはり用心すべきだと考えている。

お母さんが話を変えようとして言った。

「グル・マカイっていう秘密の名前はお母さん好きよ」

お父さんもうなずいた。

「2、3日前、アガーラ先生がお前のブログをプリントアウトしたものをもってきたんだよ。『この子はほんとうに優しゅうだわ』って言ってね。うちのマララですよって言いたかったけど言えなかった。笑ってごまかしたよ」

「今日からグル・マカイって呼びましょうよ」

お母さんが提案する。お母さんは、マララという名前は悲し過ぎて好きじゃないのだ。

グル・マカイは「トウモロコシの花」の意味であり、パキスタンの古いラブストーリーのヒロインの名前だ。グル・マカイとムサ・カーン。ふたりは出会って恋に落ちるが、両家がその結こんに反対するという、ちょっとロミオとジュリエットに似たお話で、やはり両家の戦いにもなるのだが、グル・マカイは服毒自殺はしない。恋のために自分を見失うこともなく、宗教上の指導者のところにおもむいて、コーランを引用し、その戦いが無意味なものだと説きふせる。そして宗教家たちが仲かいに入って両家は仲直りをし、グル・マカイとムサ・カーンは幸せに暮らすのだ。

ただの夢物語。別に両親だって本当にマララの名前を変えるつもりはない。グル・マカイの正体は秘密にしておかなければならない。だから、ライラがやってきたところでその話は止めにした。マララとライラはすぐにマララの部屋に入った。そこには制服がかべにかけられ、リュックも置いてある。マララが学校でもらったトロフィーもパソコンのとなりにかざってあった。

ふたりはプラスチックのいすにこしかけ、ローテーブルをのぞきこむようにして教科書を開き、休み中にするべき勉強をしようとするけれど、何もなかったように集中するなんてやっぱり無理だ。

「タリバンは、2月のテスト、受けさせてくれると思う？」

ライラがきいた。

「さあね」

マララが答える。

学校のけいじ板には毎年成績トップの生徒の名前がはりだされるのだが、今年はそれもないんだろうな。

「また5つの学校をこわしたらしいよ。意味がわからない」大声になっていた。「もうへいさした学校だよ。言われた日からはもう誰《だれ》も授業を受けに行ってないのに！」

「それは多分仕返しだと思う」ライラは推論する。

「マウラナ・シャア・ダウランのおじさんが軍に殺されたから。いつものタリバンのやり方だよ。こうげきされたら学校に仕返しをする。軍の兵士は何もしてくれない。丘の上の小屋に座って、羊を殺して食べるだけ」

お父さんが理髪師《りはつし》だから、ライラは大人たちがタリバンの話をするのをいつもきいている。でも時々うわさにもデマが混ざった。

例えば数日前には、マウラナ・シャア・ダウラン―ファズルッラーの右うでと呼ばれる男だ―は死んだといううわさが流れたが、実際は生きてピンピンしていた。

ラジオでもしゃべり続けている。

相変わらず、女には家にいるように、市場にも行くなと言っている。おかしいんじゃないかしら。タリバンになる前、彼も市場にワゴンを出していたのに。マウラナ・シャア・ダウランは、軍がきょ点として使用する学校は女子校でも男子校でもこうげきするとけいこくした。

さらに、3人のどろぼうをむち打ちの刑にするから『見物』に来いと市民に呼びかけもした。

「でも、どうして軍はわたしたちのことを守ってくれないんだろう」マララは思う。「どうしてタリバンをつかまえにいかないの？　例えば公開処刑のときならタリバンがそこにいるのがわかってるのに」

それは、休み中のマララやライラに出された数学の問題と同じぐらい筋道だったことに思える。でも、時として、大人たちのすることは全然別の計算式に基づいているようで、理解不能だ。

旅先にて

スワートが戦争になってひとつだけよいことがあるとすれば、お父さんがマララたち家族を旅行に連れていってくれる回数が増えたことだ。しんせきや友人にあいにいくことが、きんちょうの続く日常の息ぬきになっていた。

ある日とうとう首都のイスラマバードに行くことになった。お父さんが連れていくと約束をしてからマララは楽しみで待ちきれない。

マララは前から旅にあこがれていた。パキスタン北部の山をこえ、谷をこえた外の世界になにがあるのか自分はほとんど知らない。もちろん本で読んでいろんな知識はあるけれど、自分の目で見たいのだ。

出発のときが来たが心配なことがあった。谷をこえるには、タリバンの検問所を通らなければならないという。みんな止められて、AK-47自動小銃《じどうしょうじゅう》をつきつけられて調べられる。

移動中、マララは目をこらして景色の中に民兵の配備されたかしょがないか見ている。一度止められた。でもそこにいた男たちは、長いひげもなくターバンも巻いていない。緑の制服ということは、パキスタン軍の兵士だ。

彼らはお父さんに車を降りろと命じた。

トランクを開けさせる。

後部座席にいたマララは落ち着かなくちゃと思った。

車が谷をぬけて、ライフルが後方に見えなくなって、『さあほほえみを。ここからスワートです』というかんげいの看板をこえて、やっと目を閉じてほっとすることができた。

途中、ペシャワールに寄ってしんせきの家でお茶をよばれ、その後バンヌの谷を目指して再び車を走らせる。

ロープを張ったベッドに座ってマララは外を見る。緑のしげみとすっかり葉を落としたかきの木に囲まれた草地。弟のアタルが庭で遊んでいる。しばらくするとお父さんが近寄っていってのぞきこむようにきいた。

「なにしてるんだい？」

「お墓をほってるの」

アタルは、至極当たり前のことを言う口調で答えた。お父さんはだまって彼を見つめていた。


バンヌへ行くのに駅でバスに乗る。あまりに古い車両で動くのがきせきのように思える。運転手が立て続けにクラクションを鳴らしたが、10歳《さい》の弟のホシャルはお母さんのほうに頭をもたせてすやすやとねむっていた。

〝いいなぁ。きっと立っていてもねられるわね〟

マララがそんなことを考えていたちょうどそのとき、ものすごい音がしてホシャルは飛び起きた。

「ばくだん？」

ホシャルはこわがってたずねる。それはただ道にあいた穴だった。タイヤがはまってしまったとたんに運転手がクラクションを思い切り鳴らしてしまったので大きな音になっただけだった。

バンヌに着くと、駅ではお父さんの友人が待っていてくれた。その人といっしょにみんなで市場や公園を回っていく。布地やいろんな品物が並んでいるのにマララは集中できなかった。彼女の目を引いたのは女たちの姿だ。そこにはたくさん女の人がいるのだが、みんな、頭から足までおおう青か白のぶかっとしたブルカを着ている。お母さんも外に出るときはそれを着たが、マララはイヤだと言っていた。

「わたしは無理。そんなの着たらつまずいて前の人にぶつかっちゃうもん」

スワートでは、ブルカなんて着ていたら、そのうちつんのめって転ぶ人がきっといるってみんな言っている。

見知らぬ男の人が起こしてあげようとして手を差しだす。女は「兄弟、これ以上マウラナ・ファズルッラーを喜ばせることはありません」と言って断る。そこで手をにぎったらふたりともタリバンからむち打ちの刑にされるかもしれない。

その後、バンヌからペシャワールへ向かう道のとちゅうで、マララにライラから電話がかかってきた。

2月2日。

本当なら冬休みが明けて学校の始まる日だ。タリバンが勝手なことを決める前はそういう予定だった。

「スワートの戦とうはどんどんひどくなってるよ。マララは帰ってくるの？」

ライラがたずねる。

「うん。ただの旅行だもの。すぐに帰るよ」

マララが答える。

「お父さんが、今日は37人死んだって言ってた。37人だよ。…帰ってこないほうがいいんじゃない？」

ペシャワールに着いたときにはもう夜もふけていた。はだかの木の枝をくぐってつかれた身体でしんせきの家に入った。マララはテレビをつける。ニュースでスワートのことをやっていた。

ライラからきいてはいたけれど、その映像はマララの胸にささった。

大切なものだけをつめこんだバッグやふくろを持って歩いて町を離れようとしている人々。『アラー』と書かれた赤いバスは超満員《ちょうまんいん》で、なんとか乗りこもうとした人が屋根の上まで乗っている。

そしてトラックや、バン、トラクターに家族を乗せてにげる人々。荷台に牛を乗せているのもある。ウールのショールをかたにかけ、ひざに本を広げたマララのとなりにお父さんが座る。

〝自分の家を捨てていきたい人なんて普通いないよね〟マララは考えていた。〝こんなふうに急いでにげるのは夜にげかかけ落ちだけよね〟

その光景はあまりに悲しいのでマララはチャンネルを変えた。

「ベーナズィール・ブットーを殺した犯人に仕返しをするのです」別の局で女性が言っていた。


ベーナズィール・ブットーは1988年、マララが生まれる9年前に、パキスタンで初めて政権の座についた女性だ。ベーナズィールの父親もこの国の首相だったが、ベーナズィールが留学している間にたいほされて絞首刑《こうしゅけい》に処せられた。ベーナズィールはそのあとをついで政界に入り、父と同じ首相となった。

その後、彼女は収わいで告発される。無罪を主張しながらも、いったんパキスタンをはなれたベーナズィール。２００７年に帰国を果たしたが、選挙集会で演説の最中、群衆のはくしゅかっさいの中で彼女は狙撃《そげき》され、ばく弾がばくはつした。その夜、ベーナズィールは息を引き取った。

当局はタリバンの犯行と断定したが、彼女を守ることができなかったパキスタン政府は非難を受けた。


いんぼうと暴力がこの国にあふれている。マララはスワートのことを考え続けていた。人がどんどん谷から出ていく。もうお金持ちに留まらず、子どもにくつを買い与えることすらできない貧しい人たちまでもが。

週に一度せんたくをしにやってくるビビ夫人もそうだ。ミンゴラをはなれて家族と生まれ故郷に戻ることに決めた。

「おそろしいことをあまりにも経験しすぎてしまいました。この美しいスワートの谷をわたしはもう見ることができません」

お父さんは約束を守ってくれた。その次の日イスラマバードにやって来たマララはあっけにとられた。

すごい町だ。家が整然と並んでいて、道はばが広くて、大きな建造物はあるし、女性も仕事に出ている。でも何か足りない。イスラマバードの美しさは人工的だった。スワートのような自然がない。

ロック・ビルザ美術館を訪れる。彫像《ちょうぞう》、つぼ、伝統的な品々。スワートにもよく似た美術館はあるけど、戦とうが始まった今もちゃんと残っているかどうかはわからない。出口で、おじいさんが売っているポップコーンを買う。お父さんがイスラマバードの方ですか、とたずねた。

「イスラマバード?」

口に出た言葉はパシュトー方言だった。

「パシュトーから来たもんがこの町を自分の町だと思えるもんかい。わしはモーマンドから来とる。あっちでは戦とうがあるもんだから、わしは故郷をはなれてここに移らんといかんかったんだ」

話を聞くうちに、マララはお父さんとお母さんが目になみだをためているのに気づいた。ここに足りないものは自然だけじゃない。

イスラマバードはスワートじゃない。ここは自分たちの町じゃない。

「わたしが旅に出たかったのは本当に世界を見たかったからなの？　ただにげたかっただけじゃないの？」

本当は自分はどっちなんだろうと考えながら、マララはスワートがとても恋しくなってさけんだ。

「お父さん、わたし、もういつ帰ってもいいよ」

ホーム・スイート・ホーム

軍、タリバン、ミサイル、大ほう、警察、ヘリコプター、死人、けが人。人の口に上るのはもうこんな単語ばかりだ。みんなが不みんになやまされ続けた結果、他の言葉は消えてしまったのかもしれない。

そして街路からはどんどん人の姿が消え、ばくだんで家屋がこわされ、店の閉店時間は早まるばかり。マララたちの家には、旅行に出かけている間にとうとうどろぼうが入った。

「わたしのせいだわ。お父さんのためのはしごを窓の内側に置きっぱなしにしていたから」

お母さんが言った。

「以前のミンゴラはこんなことなかったのにね。だけど幸いお金も宝石もなくてよかった！とられたのはテレビだけね」

不幸中の幸いだった。テレビはしばらく前からつけても暗いニュースばかりで、もう娯楽《ごらく》の手段ではなくなっていた。それでも谷の外の世界に通じるひとつの窓ではあった。それがなくなった今、マララたちはマウラナのラジオをきくしかなくなった。

ばくだんや暴行のきょういは相変わらず、いや、むしろどんどんエスカレートしている。でもあるときファズルッラーは、軍事行動の終結をなみだ声でうったえ、にげた人々に家に戻ってくれ、スワートを見捨てないでくれと呼びかけた。彼は心からそう思っているんだろうか？　政府との平和交渉を本当に望んでいるのか？　そうじゃないとしたら、マララと家族たちは一体いつまでこんな状きょうでがまんしなくてはならないのだろうか？

「お母さん、テロリストたちがばくはしたりするのはどうしてたいてい金曜日なの？」

マララがきいた。

「それはイスラムの聖なる日だからよ。金曜日に行動を起こせば、神はもっと喜んでくださると思ってるんでしょう」

マウラナ・ファズルッラーは自らを信奉《しんぽう》するものたちにジハードを呼びかける。イスラムの名の元に政府やパキスタン軍と戦えと。そして「殉教者《じゅんきょうしゃ》」のチームを養成する。でも宗教の先生はマララに、それは真のイスラムではないと教えてくれた。

今日の晩ごはんにお母さんは栄養たっぷりのケバブのグリルをつくった。ヨーグルトにきゅうりと玉ねぎとトマトを細かくきざんだものを合わせ、クミンをちょっと入れて作るライタをソースにそえて。でもお父さんの姿がない。お父さんは家族を危険に巻きこまないようにと外泊することが多くなっていた。

これほどきん張が高まった事態はかつてなかった。政府はスワートの平和を取り戻すためにタリバンとの合意を模さくしている。

「二人とも、明日からまた学校でしょ。いろんな話をきかせてね！」

マララが弟たちに言った。

「僕、行きたくない！」

ホシャルがおでこにしわを寄せてさけんだ。

「宿題やってないし、どろぼうのこと、みんなに絶対いろいろきかれるし」

「僕も、行きたくないよ！」

小さなアタルは泣きだしてしまった。

「おそわれたくないよう！」

するとお母さんが言った。

「そのことだったら、明日にでも軍が外出禁止令を出すんじゃないかって話よ」

「本当に⁉」

ホシャルはぱっと顔をかがやかせてそう言うと、喜んでとび上がった。

本当におかしな話だ。マララは何をおいても学校に行きたいと願っているのに、ホシャルは行きたくないどころか、軍が外出を禁止することに手をたたいて喜んでいるだなんて。

そのあと、みんなでお祈《いの》りして、弟たちはベッドに入った。ばくだんが落ちてもふたりは目を覚まさないだろう。

マララはまたビビ夫人のことを考えて、彼女の言葉を思いだしていた。

『この美しいスワートの谷をわたしはもう見ることができません』

マララはお母さんの部屋に行き、もうねむっているお母さんのとなりに横たわった。お母さんの体温とにおいがマララを包む。なんだか巣の中の小鳥になったような気がした。

お母さんのトゥールペカイという名前は『黒いかみ』という意味だ。マララはその絹のような長い黒かみが、自分や弟たち、そしてやみにしずんだこの家の周りを囲うように巻いて、ばくだんや流血から守ってくれているところを想像していた。

はかなき平和

「撃《う》て！」

ホシャルがさけぶ。手に持ったおもちゃのヘリコプターを、カーペットに並べた悪者たちの上で動かしながら。アタルは紙製のピストルでねらいを定める。

マララは弟たちに遊びを止めさせた。久しぶりの学校がどうだったか、アタルを質問ぜめにする時間だ。

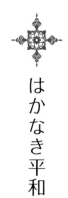

「6」アタルは指をつかってかぞえる、今日登校した子どもの数だ。男の子が5人と女の子が1人。

そうだ、小学生までに関しては、タリバンがとうとう女の子にも通学の許可を出したのだった。女性全般に勉強することを禁じたタリバンに対する人々の怒《いか》りがあまりにはげしかったのだろう。部分的にではあるが、彼らはじょうほした。そして中高以上の女子が勉強

郵便はがき

111-0056

恐れ入ります が、切手を 貼ってお出 しください。

東京都台東区小島1-4-3

金の星社　愛読者係

〒□□□-□□□□
ご住所

ふりがな お名前		性別　男・女 / 年齢　　歳
TEL　　（　　　）	ご職業	
e-mail		

●弊社出版目録・お子様へのバースデーカードをさしあげます
★出版目録希望（する・しない）　★新刊案内希望（する・しない）
★バースデーカード希望（する・しない）

おなまえ		西暦　　年	月	日生	男・女	歳
おなまえ		西暦　　年	月	日生	男・女	歳

★当社の本のご購入がありましたら、下記にご記入下さい。

書名	定価　　円	冊
書名	定価　　円	冊
書名	定価　　円	冊

一週間以内にお届けいたします。お買い上げ金額が1,500円（税込）未満の場合は、送料380円（税込
1,500円（税込）以上の場合は、送料200円（税込）です。本の代金と一緒に、配達時にお支払いください

高140

よりよい本づくりをめざして

お手数ですが、あなたのご意見ご感想をおきかせください。

. お買い上げいただいた本のタイトル

(　　　　　　　　　　　　　　　　　　　　)

2. この本をお求めになった書店

市区
町村　　　　　書店　　　年　　月　　日購入

3. この本をお読みいただいたご感想は？

●内容　1. おもしろい　2. つまらない　3. やさしい　4. むずかしい
5. 読みやすい　6. 読みにくい　7. 感動した　8. ふつう

●本のデザイン　1. よい　2. ふつう　3. わるい

●ご意見、ご感想をぜひおきかせください。

. この本を何でお知りになりましたか？

1. 書店で　2. 広告で　(新聞　　　　雑誌　　　　)
3. 図書館で　4. 書評で　(新聞　　　　雑誌　　　　)
5. DM・チラシをみて　6. 先生・両親・知人にすすめられて
7. 当社目録をみて　8. その他 (　　　　　　　　)

. この本をお求めになったのは？

1. タイトルがよい　2. テーマに興味がある　3. 作家・画家のファン
4. 表紙デザインがよい　5. 帯にひかれて　6. 広告をみて　7. 書評をみて
8. 人にすすめられて　9. その他 (　　　　　　　　)

. 今後読んでみたい作家・画家・テーマは？

. よくお読みになる新聞・雑誌は？

新聞 (　　　　　　　　)　雑誌 (　　　　　　　　)

ご協力ありがとうございました。ご記入いただきましたお客様の個人情報は、下記の目的で使用させていただく場合がございます。

●ご注文書籍の配送、お支払い等確認のご連絡　●弊社新刊・サービスのDM
●チラシ・広告・ポップ等へのご意見・ご感想の掲載　●弊社出版物企画の参考

[個人情報に関するお問い合わせ先]

■金の星社　お客様窓口　電話 03-3861-1861　E-mail usagi1@kinnohoshi.co.jp

漫画家たちの戦争

中野晴行／監修

全6巻　揃定価（揃本体18000円＋税）　小学校高学年〜一般

原爆、子ども、銃後等のテーマ毎に戦争漫画を収載。手塚治虫、ちばてつや、赤塚不二夫、水木しげる等の巨匠から、『社長 島耕作』の弘兼憲史、『シティハンター』の北条司など第一線の作家、気鋭の若手まで内容も年代も幅広く収録。“こち亀”の秋本治の作品など出版社や掲載誌の枠を超えて収載した奇跡的なシリーズです。今こそ漫画で平和と戦争について考えてみませんか。

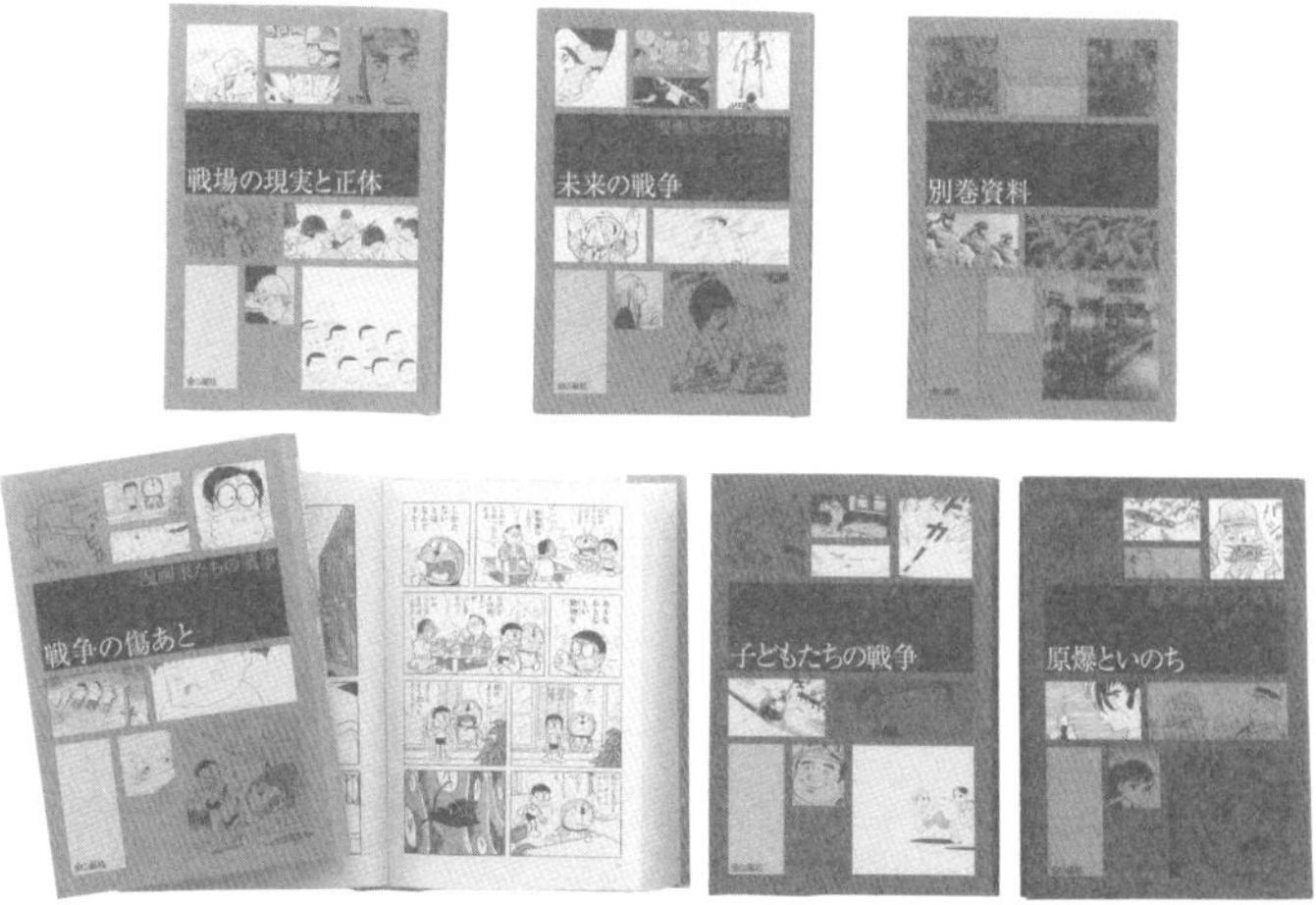

分売可

原爆といのち	定価（本体3,200円＋税）
子どもたちの戦争	定価（本体3,200円＋税）
戦争の傷あと	定価（本体3,200円＋税）
戦場の現実と正体	定価（本体3,200円＋税）
未来の戦争	定価（本体3,200円＋税）
漫画家たちの戦争　別巻資料	定価（本体2,000円＋税）

武器より一冊の本をください
少女マララ・ユスフザイの祈り

ヴィヴィアナ・マッツァ 著／横山千里 訳

タリバン支配下にあるパキスタン。女性への教育の必要性や平和への願いを訴えたがために、わずか15歳のマララ・ユスフザイはタリバンの標的にされ、頭部に銃撃を受ける。奇跡の回復を遂げた彼女は国連で教育の重要性をスピーチし、最も若いノーベル平和賞の候補者になった。マララが銃撃を受けるに至ったパキスタンの状況と、マララの現在までの歩みをイタリアのジャーナリストが追う。

定価（本体1,400円+税）　小学校高学年～

おかあさんのそばがすき
犬が教えてくれた大切なこと

今西乃子 著／浜田一男 写真

家族の一員となったコーギーの子犬。蘭丸と名付けた愛くるしい犬は、わずか数年で飼い主の年齢を追いこし、いつしかおじいちゃん犬になっていた。ペットの一生を通し、命を預かることの責任を考える。ペットの看取りまでを追うノンフィクション写真読み物。“犬をかう”ことは“いのちをあずかる”こと。

定価（本体1,300円+税）　小学校高学年～

きっときみに届くと信じて

吉富多美 作

「うざいアイツが完全に消えるまで頑張ります」南條佐奈のFM番組に届いたいじめ予告。少女のSOSだと佐奈は気付くが何もできないまま、今度は別の少女から自殺予告が来る。佐奈が書店で見かけた少女・倉沢海とその友人・田淵晴香が発するSOSが、いじめにつながっていることに気付いた佐奈は、番組を通して語りかけ、リスナーたちを動かしていく。

定価（本体1,300円+税）　小学校高学年～

し続けることを許すかどうかについても近々決断を下す、と言いながら、時間だけが過ぎていた。

〝待たされた挙げ句に結局閉校になるかもしれないんだ〟マララは思っていた。

「今日来た生徒は７００人中70人だったよ」

お父さんが入ってくるなり、マララの心を読んだかのように言った。

「パパだ！」兄弟たちが走り寄って飛びつく。

「わんぱくぼうずたちじゃないか！」

お父さんはふたりの頭をくしゃくしゃしながら小声で言った。

アタルがお父さんのシャツのそでを引っ張りながら言う。

「僕、原子ばくだんつくりたい！」

お父さんとマララは目配せをした。今や子どもたちの遊びの中心に戦争があり、彼らのお祈《いの》りの言葉にも戦争が登場する。マララの弟たちもそうだ。

ある晩マララはホシャルがぶつぶつ言っているのを耳にした。

「神さま、スワートに平和をください。アメリカや中国に支配されるようなことには絶対にしないでください」


数日のうちに事態は悪化した。

ある朝、ずっと降り続いた雨がやんで、山々から再び太陽がのぼる。スワートの谷が美しくかがやく瞬間だ。しかし人間については何も変わらない。

朝ご飯の食卓でお母さんが死亡らんを読む。

「リキシャの車夫と夜回り番が昨夜殺害された」

ここ2〜3年に殺された1500人の数字がまた増える。もう誰《だれ》も「なぜ?」とは言わない。聞いてもむだだからだ。

ある日曜日、ミンゴラとペシャワールから友人やしんせきがやってきたときに、これまできいたことのなかったほどのひどいばくおんが始まった。マララはテーブルの向こうにいるお父さんのところまでかけ寄ってだきついた。

「お父さん！　助けて！」

お父さんは優しく言った。

「怖がらなくていいよ、マララ、あれは平和を祝う銃砲《じゅうほう》だから」

「世界の終わりみたいな感じがする！」

「みんなが空砲《くうほう》を撃《う》ってるんだよ。喜びの証さ。政府と民兵の間で合意の文書が交わされようとしてるんだ。新聞にのっていたよ」

その夜おそく、タリバンがラジオでそれを認め、やっとみんなも信じる気になっていた。砲声《ほうせい》はますます大きくなった。

お母さんとお父さんはうれし泣きをしている。ホシャルとアタルも目をうるませている。スワートの谷全体がずっと待ち望んでいたことだった。スワートはつかれきって、普通の生活に戻りたがっていた。

翌日、市場は混み合った。人々は笑顔で、マララのお父さんと男の人たちは街角に立って菓子を配った。

じゅうたいさえも素敵なことに思える。こんなにも『普通』なことが…。

学校がへいさされてからマララの家まで授業をしにきてくれていた科学の先生が、こん約のお祝いに出席するために一日お休みを取った。

「ヘリコプターもやっといなくなるさ」

いとこのひとりが自信満々に言った。二人は数分の間空をあおいで町の上空を低く飛ぶ数機のヘリコプターをじっと見ていた。

電話が鳴った。ファティマだった。

「学校は再開すると思う?」

彼女はマララにきいた。

「もう家に閉じこもってるのはたえられないんだけど」

「再開するに決まってるでしょ！　待つしかないよ」

そこから数日間、スワートの谷全体がマララの祈《いの》りを聞き入れてくれているように思えた。静けさが谷をおおう。ばくだんの音がしない夜はよくねむれた。でも、ヘリコプターが飛ばなくなることはなかった。

ある夜、マララと弟たちの遊びが中断される。

台所ですごい音がしたのだ。

お母さんが倒《たお》れた音だった。

その日のニュース、ムーサ・カーンケルが亡くなったことをお父さんからきいたからだ。

ムーサはジャーナリストだった。彼は相手がタリバンでも軍でもようしゃなく記事を書いた。

『誰《だれ》かがちゃんと真実を語らなければならないんだ』それが彼の言葉だった。

彼がミンゴラの町でタリバンの平和行進に同行していたときのことだった。テレビクルーが彼を見失った。数時間後、見つかったムーサは凶弾《きょうだん》に倒《たお》れていた。

お母さんは数日間ねこんでしまった。

「どうしてきかせたの？　わたしはそんなこと知りたくなかったわ！」

お母さんはお父さんに当たっていた。きっと、次の犠牲者《ぎせいしゃ》が知り合いかもしれないと思ってこわくて仕方ないのだろう。

ムーサが殺害された同じ日、マララがテレビに出演した。マララがムーサにたのんでいたのだ。学校の再開をうったえたいと。

白いサッダールを着てマララはおだやかな声で言った。

「1月15日からずっと待っているのです。平和合意がなされた今、もう障害は何もありません。それにいずれにしたってわたしを止めることはできません。座る場所さえあればわたしは勉強を続けます」

「こわくないの？」

「誰《だれ》のこともこわくないわ」

ムーサは死んでしまった。その事件で平和への望みの全てがこなごなにくだかれてしまった。

お母さんは朝ご飯をつくれなくなって、代わりにお父さんがやるようになった。時々マララも台所に立った。弟たちの世話もした。特にアタルは宿題や朝の着替えをまだ手伝ってやらなくてはならなかった。

「今から、この家の中で戦争の話をすることは禁止ね！」

マララは弟たちに言いわたした。

「墓ほりごっこも、ヘリコプターとピストルの遊びも、原子ばくだんもダメ。これからは平和の話しかしちゃダメよ」

平和。マララがお母さんを守る武器は他にない。それがどれほどはかないものかなんて考えたくもないけど、今のミンゴラに、はかなくないものなんてないでしょう？

学校にもどる

２００９年2月

黒い校門、青と赤の看板、急な階段、木のいす。２列目の一番後ろの右側がマララの席だ。

学校ばんざい！

もうダメなんじゃないかと思いかけていた2月21日、マウラナ・ファズルッラーが自らラジオで宣言した。３月17日の試験日までの間、女子は登校してもよい。ただしブルカ着用を条件とする。

マウラナ・ファズルッラーはほかにもいろんなことを話した。イスラムの名におけるタリバンの犠牲について、そして、アフガニスタンでアメリカを待ち構えるのは回避《かいひ》できない敗北であると。でもマララにとって重要な言葉はこれだけ―『学校は再開する』。

朝礼に集まった女の子たちはじっとしていることができず、喜びでたがいにだき合った。制服を着た子と私服の子もいる。マララのクラスは27人中12人が来ていた。欠席者はザキアのようにまだ遠くにいる子どもか、あるいは、親がこわがって外に出さないかのいずれかだ。

ヘリコプターが中庭の上を低空飛行してきたのでみんなで手をふると兵士が手をふり返してくれた。でも彼らは心身がつかれ、そのうでを動かすことさえ辛そうに見えた。

校長先生がやってくるとみんなは一瞬《いっしゅん》で静かになった。

「ブルカをちゃんと着なさい」

校長先生は開口一番に言う。

「それがタリバンの条件なんですよ」

そして先生はたずねる。

「マウラナ・ラジオをきいている人はいますか?」

ひそひそ声が聞こえる。

「前はきいてましたけど、今はきいてません」

年少の子が答えた。ライラが手を挙げる。

「正直に言えば、何が起こっているのかを知りたいからわたしはきいています」

ファティマが真けんな目で言った。

「あのラジオがはかいされたときこそスワートが本当の意味で平和になるときだと思います」

「学校の中ではマウラナ・ラジオはききません。この敷地内からは追放します」

マウラナ・ファズルッラーが学校に対こうする掟を定めるのなら、校長先生はタリバンに対こうする禁止措置《きんしそち》を断行するってわけね。マララに笑みがこみ上がる。アガーラ先生は28歳《さい》で、まだ子どももいないけど、生徒はみんなお母さんみたいに思っていた。

翌朝、登校した女子の数はまた増えた。マララのクラスは19人になった。

試験の日が近づき、覚えることはたくさんある。マララは家でも教科書を開く時間が多くなった。

市場に出向く人もどんどん増えて混みあうようになった。店の人たちは勇気を出して閉店時間をのばしたが、祈祷《きとう》の時間はとびらを閉めるよう気をつけていた。商品を並べるたなには音楽のCDが戻ってきた。

お父さんが2羽のめん鶏《どり》を買ってきたので、子どもたちはみんなめん鶏《どり》と遊びたがった。少しずつだがお母さんもショックしょう状から回復した。

勉強し、遊び、買い物をして、いっときのように、軍のことやタリバンのことしか話題がない、ということもなくなった。

全て昔の状態にもどったと思えた。


でも、3月の気候の変わりやすい時期、冬がまだふん張って春の歩みに負けまいとするころは、なんだって移ろいやすいものだ。

「平和合意も長くは続かないよ」人々はささやき始めた。

「今はちょっと休戦してるだけ。武装した民兵はまだうろうろしてるし、難民向けの救えん物資をぬすむんだから」

ある日マララは大ほうの音を聞く。タリバンが兵士をふたり殺害し、協定があるにもかかわらずてい察行動をけい続していた軍に責任があると声明を出した。

「アニスって覚えてる?」

ファティマが言った。

「わたしのいとこ。ようち園でいっしょだったでしょ。その子がね、タリバンのところで働き始めたの。お兄ちゃんが見かけて、目を疑ったよって教えてくれたの。午前中は工場で仕事してるんだけど、夜にリーボックをはいて銃を持ってファズルッラーたちの手伝いで車の検問をやってるみたい」

「どうしてそんなことしてるの?」

マララはたずねた。

「お兄ちゃんも、おじちゃんもおばちゃんもみんなそれをきいたわ。そしたらなんて言ったと思う？　自分はタリバンになったわけじゃない、少しでも金になると思ってやってるんだ、だって」

「信じられない…」

「わたし、小さいころから、いつかあの子と結こんしようって思ってたんだよ」

ファティマはため息をついた。


ある日の午後、マララとお母さんは、いとこの男の子といっしょに平和だったころのようにチーナ・バザールに出かけた。

ちょっとおどろきの光景だった。つぶれてしまった店がたくさんあって、店を開けていても、在庫処分のセール中と書いてあるところばかりだ。せっかく安いんだし、マララたちもたくさん買うには買ったが、女の人があまりに少なくて不安になった。いつもセールの時期なら我先に商品をつかもうとひじをぶつけあうものなのに。せっかく着かざってきたのにマララは時折ぐちをこぼした。外を歩くときは、からだはおおっても顔はかくさないサッダールの方がなれている。

「お母さん、ブルカは歩きにくくてイヤだわ！」

いつも布地を買う店に入ると店の主人がおびえた顔でマララたちを見た。次の瞬間《しゅんかん》笑いだす。

「女装したテロリストかと思ったよ！」

店の人もマララもお母さんも、誰《だれ》もばくはつ音をきいてはいなかったが、翌日の新聞に出た記事によれば、このバザールの近くの交差点にある軍の検問所前でじばくテロがあった。

アニスだった。

マララはファティマにきいてそれを知った。

「わたし、ラーワルピンディーに行くことにしたわ」

ファティマは言った。勝ち気で、ディベートではマララのライバルだったファティマ。仲よしグループの中からスワートを出ていくのはこれで5人目だ。マララは言った。

「ファティマ、平和合意があるんだし、情勢はきっとよくなるよ」

「なんだかそれも信じられなくなっちゃった」

ファティマはそれ以上なにも言わなかった。

彼女は心の傷が大き過ぎたのだ。大好きだったいとこのアニスはもういない。おそらくだが、アニスも最初は本当に小づかいかせぎの目的でタリバンに出入りしていたのだろう。でもそのうち言いくるめられたのだ。『天国に行けるぞ』、と。そして、何か儀式《ぎしき》のようなものがあったかは知らないが、それと引きかえに、彼はじばくした。

昔、マララのお父さんも若いころに同じような目にあいかけた。

お父さんの先生だった人から信仰の名の元に戦いなさいとさとされた。そうやって戦っている人は多かったし、それを彼らはジハード―聖戦と呼んでいた。そのときお父さんは毎晩のように悪夢にうなされた。敬けんなイスラム教徒であったし、日に5回お祈《いの》りをした。愛国精神もおう盛で、パシュトゥーン族のための自治領を夢見ていた。でも最終的には、その先生が理想に燃えるお父さんの気持ちを利用して洗脳しようとしていたことがわかった。このことがあって、お父さんは自分の一生をスワートの子どもたちの教育にささげる決意をしたのだった。

アニスもようち園ではお父さんの教え子だった。でもそれだけでは彼を救うことはできなかった。

科学の先生が黒板にこう書いた。

『単体の物質の酸化数はゼロである…』

試験のできはよかった。特に科学の宿題は大丈夫。10個の問題のうち8個正解すればよい。マララは全部わかったので大満足だ。でも、ザキアが戻ってきたという知らせをきいたときのうれしさは、そんなものではなく、それこそ天にものぼるほどだった。

「ずっと会いたかった！」

むらさきと青のストライプのサッダールを着たザキアがマララとだき合いながら言った。

「でもここも信じられないくらい変わったね。前は、放課後ひとりでおばあちゃんの家に行ったりマドラサにコーランの勉強をしに行ったりしてたのに、今はお父さんとお母さんにそんなこと危険過ぎるって言われる」

〝本当に。前と同じものなんて何も残ってないわ〟マララは思った。

でも、だからこそ、マララもザキアも他の子たちも、友情だけは絶対無くしたくないと思っていた。

疎開《そかい》

２００９年5月～7月

春。開いたばかりの花から花びらが落ちていき、5月になると平和はもう終わりを告げた。

「こうするしかないんだ」お母さんとふたり、大あわてで旅行カバンに洋服をつめこみながら、お父さんがそう言った。

「でもわたしたちは何も悪いことしてないのに！　どうして出ていかなくちゃいけないの⁉」

「心配するな、マララ、帰ってこられるさ。とにかく今は気をしっかりもつんだ」

タリバンは、かつてはお母さんがブレスレットやイヤリングを買いにいっていたブネールまでその勢力下に置くようになった。兵士とのしょうとつもひん度を増し、軍はスワートだっかんのため新たなこうげきを始めると宣言した。

『まっすぐの道作戦』と呼ばれた。住民は谷を出ていかなければならなかった。家をはなれた人は200万人以上にのぼる。生きのこるためにほかの選択肢《せんたくし》はなかった。

そして新聞で公然とタリバンを批判したマララのお父さんは、もはや彼らのブラックリストにのっている。そんなものでは済まされないぞと言われているようなものだった。現地指導者のひとりが、ラジオでお父さんの死を要求した。

さようなら、ミンゴラ。

このときのマララには、これから行く山々の向こう側にあるものを想像するよゆうはなく、むしろ自分が立ち去ろうとしているゴーストタウンに後ろがみを引かれていた。

お母さんと弟たちとともにマララはイスラマバードの少し手前にあるハリプールのおばさんの家に行く。お父さんはペシャワールへ、ハリプールとは6時間のきょりだ。そこでサジドゥともうひとり、スワートで別の女子校を経営する人物と3人で一部屋。

ペシャワールは州都であり大都市だから、広場に出てこうぎ行動もできるし、インタビューを受けてスワートへの注目を集めることもできる。アメリカ人記者とジャワドのドキュメンタリー制作も力になってくれる。彼らはハリプールとペシャワールを行ったり来たりしながら家族の日常を取材し続けている。

「子どもが泣かなければ母親だって気づかないものさ」お父さんがよく言う言葉だ。

「だから泣き声を上げなければ、何も得られないんだよ。こんな第三世界の国ではね」

はなれて暮らすようになってマララは余計にお父さんが恋しくなった。お父さんの話がききたい。ときどきハリプールまであいにきてはくれるけど、ふだんは電話でちょっと話ができる程度まで接しょくをひかえていた。

当初お父さんはマララに、近いうちにまた情勢は安定する、軍の作戦は２～３日で終わると言っていた。

だからマララも楽観してお母さんにこう言っていた。

「こっちが勝ってスワートに帰れるって！　お母さん、わたし、学校にもどれる！　いつか医者になってみんなの運命を変えるんだから！」

時間が過ぎていく、1日、2日、3日…。

お父さんは、作戦は1週間で終わると言った。

マララは家に帰ってすぐに何をしようか、それに考えを集中しようとした。「まずすぐに部屋に行くでしょう…本とリュックがちゃんとあるか見なくっちゃ。それから学校を見にいく。とにかくまずは部屋」

1週間が過ぎた。

おばさんの家ではヤマウズラを一羽、中庭の木のおりに入れて飼っている。パキスタンやアフガニスタンでは、闘鶏用に飼育したり、普通に家で飼ったりもする鳥だ。飛ぶ姿もさることながら、草原を走るその姿はあらゆる生き物の中でもこの上なく気品に満ちている。これまでいろんな詩人がその姿を詩に書いてきた。ヤマウズラのようにゆうがだ、というのは女の子に対する最上級のほめ言葉でもある。マララは飲み水をかえてやりながら、家に置いてきためん鶏たちのことを思った。まだ生きてるかな、それとも誰《だれ》かに殺されちゃったかな。まあ、それよりも、家も学校もまだちゃんと建ってるんだろうか。近くに軍のきょ点があるしな。ばくげきされてもおかしくない。もうすでにばくだんが落ちて、石と破片とめん鶏の羽根が折り重なるがれきになってしまっているのか、それもわからない。

2週間、3週間、4週間……。

テレビでファズルッラーのマドラサがはかいされたという当局の発表が流れた。平和に一歩近づいたのだろうか？

報道は『まっすぐの道作戦』の成功をたたえてはいるが、マララにはタリバンの21人の現地指導者はまだ生きていると思えて仕方がない。暴力を肯定するわけではないが、彼らが戦うことをやめないことはマララもよく知っている。彼らには勝利か死か、どちらかしかないのだ。

相変わらずラジオで話し続けているファズルッラーもそうだ。

「わたしは無事だ。わたしに対するこうげきはなかった。ジハードを続行せよ。政府や不信心者たちのいつわりのプロパガンダに耳を貸すな！」

タリバンは兵士を不信心者と呼び、兵士はタリバンを異教徒と呼ぶ。永遠に終わりそうにない。

おばさんの家にはヘリコプターも来ないしばくげきもない。でも静か過ぎて困る。

マララは退くつで腹が立ってきた。本は全部ミンゴラに置いてきた。ピンク色の服を着て、シーソーで遊ぶ弟たちを座って見ている。

たまにはいっしょに遊ぶけれど、そうじゃないときは、ベッドに座って、後ろでせん風機がまわる音を聞くだけだ。足先を日向において、頭を日かげに入れて。地に足がつかないような、なんとも宙ぶらりんな気持ちがした。アタルが原っぱで側転している。だけど、難民キャンプにいる人たちはもっと大変なのよね、と思う。

7月に入って難民キャンプは人であふれかえっていた。その中にはタリバンもたくさんまぎれこんでいると言われていた。彼らは軍の作戦終了を待って、他の帰かん者たちといっしょに平然とスワートにもどるつもりだと。

〝人々を助けるにはどうすればいいんだろう？　どうすればその運命を変えられるんだろう？〟マララはヤマウズラに水をやりながら考えた。

夜の間ヤマウズラは月が天を動いていくのをじっと見ていると言われている。アラーの名において善行をほどこすために、ときどきヤマウズラを野に放すこともある。

「お母さん、わたし、また新しい夢ができた！」

ある日マララがさけんだ。

「政治の道に進むべきだと思う。この国の役に立とうとすると、紛争《ふんそう》が多すぎるでしょ。わたしが解決したいの。パキスタンを救うために」

「マララ」お母さんは優しく言った。

「そうね、あなたは人生でしたいことを何でもできるわ」

そんな、永遠に続くと思われた夏のある木曜日、マララが弟たちと中庭でクリケットをしていたら、家の中からお母さんの呼ぶ声がした。首相が待ちに待った声明を出したのだ。ミンゴラに帰れる！

タリバンがスワートからいっそうされ、都市部を去って散りぢりになった。マララにとって最高のおくり物だった。

そして日曜日はマララの12歳《さい》の誕生日。おばさんの家ではバースデーケーキを用意してくれた。

お父さんは？　まだ来てくれないし、電話も来ない。昨日マララが自分から知らせておいたのに。マララは英語でこんなショートメールを送った。

わたしの誕生日はみんなにお祝《いわ》いしてもらいました。お父さんのおかげではなく、みんなのおかげでとても幸せです。

それでお父さんからやっとおわびの電話が来た。マララはお父さんに、みんなにアイスクリームを買ってくる約束を取り付けた。バニラね。言いながらもう口の中にバニラの味がするような気がする。家の味。平和の味だ。

パキスタンへようこそ

ボストンバッグ、まくら、毛布、小麦のつまった大きなふくろ。国際組織から難民向けに支給されたものだ。お父さんはそれを全部真っ赤なトラックの荷台に積んでいく。そしてカミーズ・パルドグにシワが寄らないように気をつけながらトラックに乗りこんだ。出発だ。

ところどころに立ち木が見える緑の平原をぬけて走る。

切り立った山道や岩肌《いわはだ》の間も通ってゆく。

同じ車線にも反対車線にもトラックや人を乗せた車が走っている。

そして、ひとつの角を曲がるとそこには大きな文字の看板があらわれる。『スワート・コンチネンタル・ホテル』

カーブを曲がるたび、窓から風が入ってくるたびに、マララは家に近づいていることを感じた。

アメリカ人記者とジャワドは疎開先での3ヶ月間もずっと彼らを追い続け、今も同行している。全てをカメラに収めていた。これはスワートの住民たちの歴史的な帰かんなのだ。

いち早くミンゴラにもどっていたサジドゥ先生が、やっと理髪店《りはつてん》の店主たちがもどってきて、店の前には人の列ができていると言っていた。みんなひげが長くのびてしまっているので、そるのにも時間がかかるのだそうだ。

川が見えてくる。おだやかで、静かで、白い波もほとんど立っていない。

空気も変わった。谷の空気だ。まごうことない田んぼのにおいだ。

お父さんが笑いだした。

いや、泣きだした。

ううん、そのどっちもだ。

そしてシートに深くもたれた。

いろんな感情をかくそうともせず、なみだでいっぱいの目を見開き、おえつしている。

「我々は勝ったんだ。温厚なスワートの民が勝ったんだ！」そう言った。

マララは自分はどうかとふり返ってみた。彼らの恐怖《きょうふ》が終わっていない気がして、心の底ではまだこわい。

ミンゴラに入った。でもそこにはミンゴラだとは思えない風景が広がっていた。

ゴーストタウンさながらの静けさの中、ばくげきでくずれた建物のがれきや、落ちてきた店の看板、銃撃《じゅうげき》から身を守るためにつかった穴やバリケードにつかったらしきポリタンクや木箱、様々なものが放置された道を、トラックはジグザグに進む。道の真ん中に乗り捨てられた軽トラックまであった。

人っ子一人いない。

かつてのミンゴラなら、真夜中だってここまで人気《ひとけ》がなくはなかった。

陽のあたる道に、白いひげの男がひとり、くいにもたれて立っている。上体が右にかたむいていて、かみが変によじれている。ねむっているのかと思ったけど、眠れるような格好じゃない。マララたちが横を通っても動きもしない。

それは人型の案山子《かかし》だった。タリバンへの警告のために置かれたのだろう。

『お前ら、近寄るな』

民兵は田舎ににげただけで遠くへ行ったわけじゃなかった。

お父さんが家の門を開ける。かぎを回す。もう1回。ふるえて立っているマララと弟たちは今か今かと待っている。

「あらされた家がたくさんある」

お父さんは言った。いつもそう、かくさずに本当のことを言う人なのだ。それはきっと最悪の事態に備えて心構えをさせようとしているのだろう。アタルとホシャルはお父さんに続いてすぐに中に入った。

「ああ神様」

お父さんがつぶやいた。マララは自分の顔に笑みが広がるのを感じた。そして中庭が目に入ったとたん、なみだが止まらなくなった。

「ジャングルみたい！」

「ああ、ジャングルだ」お父さんも言った。

「だけど、素晴らしい。素晴らしい！」

弟たちは、木の柱やはりが倒《たお》れて散らばった中庭をめん鶏を探して走り回った。

「いるか？」お父さんが聞く。

「いない！」アタルがさけぶ。そしてとつぜん、奥のすみっこに目がくぎ付けになったかと思うと固まって動かなくなった。

マララはゆっくり近づいた。そこにはたくさんの羽根が積もったようになっていた。かがんで見てみる。茶色の羽根、灰色の羽根、軽い羽根、やわらかい羽根、そして、1本の骨がつきでていた。

「ニワトリ死んじゃった」マララは言った。ホシャルが庭の隅っこに立ったまますすり泣き始めた。マララは家の中にかけこんだ。

「マララ？　マララ？」お父さんの呼ぶ声がする。

マララはドアに背を向けてベッドに座った。なみだが止まらない。ひとりになって、幼い子どものように泣きたい気持ちだった。あんな死に方をするなんて。苦しむマララはまだ十分子どもの心をもっていた。そこに記者たちが入ってくる。

「マララ？」またお父さんの声がした。マララは別の部屋ににげこむ。でもそこにもテレビカメラはついてきた。そうだ、両親の部屋の白い花柄のベッドカバーの上に座って泣いているところを世界中の人に見られてしまう。マララはなみだをふいた。

本やノートを片付けにいく。ページをめくって中を見る。大丈夫、無事だ。

「ニワトリたちは死んじゃったけど、君の本はこうして残ったね」

アメリカ人記者が言った。

「はい」マララは答える。

「本の方が大切だと思います」


お父さんが学校を見にいく。マララとホシャルもついていった。いつもどおり、家から15分の場所。でもかぎが開かなくなっていた。

お父さんは側にいた男の子に声をかけ、その子の身体を持ち上げてかべをこえて入らせ、中からかんぬきを開けてもらった。

「誰《だれ》かここで生活してたんだな」

お父さんは教室を調べて回った。どこも中にあったものがなくなっていて、いすはみんなひとつの教室に集められ、パキスタンの地図が張ってあるかべに立てかけるようにして積んであった。

ひとつのいすにくつのあとがついている。ゆかにはたばこの吸いがら。

マララも意を決して調べ始める。お父さんの事務所で書類をめくっているとファティマの日記を見つけた。それをどうしようかと思っていると、文法的におかしな英語で書かれた文に気づく。明らかにそれは、ディベートで自分のライバルだったファティマの書いたものじゃない。

『わたし　パキスタン人であることとパキスタン軍の兵士であることがほこり』

さらにページをめくっていくと、子どもっぽい銃の絵や、ウルドゥー語や英語の詩がいっぱい出てきた。

『ひとりを愛するものもいればふたりを愛するものもいる、わたしはひとりだけを愛する。それは君だ』

〝これを書いた人はわたしと同じくらいの歳《とし》の子だろうな〟マララは思った。

〝愛が何かもまだ知らない〟

マララはかつて軍は学校を守ってくれるほこらしい存在だと思っていた。今はこうした兵士たちをはずかしく思う。

他の部屋に同じ子たちがこんな手紙も残していた。『我々はたくさんの兵士の大切な命を失った。全部お前らのたいまんのせいだ』彼らは、スワートをみすみすタリバンの手に渡してしまった住民が悪いと言っているのだ。『パキスタン軍ばんざい、パキスタンばんざい』そこで手紙は終わっていた。数学の教室には、おそらく銃撃《じゅうげき》につかったと思われるいくつもの穴がかべに開いていた。その穴のひとつから外を見ると、道の向こう側に並んでいる家が見える。タリバンのはかいした場所。

ヘリコプターが学校の上に飛んできた。

その教室のかべには、兵士のひとりが英語でこう書きのこしていた。

『Welcome to Pakistan』

トウモロコシの花

２００９年８月～２０１１年11月

グル・マカイはわたしです。もうみなさんわかりましたね。もうかくしません。周りで起きていることを世界中にさけびたかった、言いたかったけど、これまではそれができませんでした。そんなことをしたら、わたしも父も家族全員がタリバンに殺されてしまうからです。何の証も残さずに死んでしまうからです。だから偽名《ぎめい》をつかって書いてきました。そうしてよかったです。スワート渓谷《けいこく》は解放されたんです。

マララはテレビに映る自分の姿を見ている。反タリバンのブログを書いていたあの子どもが大きくなって、政治をあつかうトークショーや朝の番組など立て続けに出演いらいがくるようになった。

暗い数年間のことも、将来の夢のことも、もう何のためらいもなく話している。

ミンゴラに戻ったひと月後、尊敬している人は誰《だれ》かときかれた。

「父とベーナズィール・ブットーです」マララは答える。

「ベーナズィールはどうして？」

「女性の政治家だから。彼女は偉大《いだい》な女性の政治家でした」

「オバマも、指導者として好きです」と続ける。

ベーナズィールの夫は今のパキスタン大統領だ。この大統領についてはマララは批判的だ。

「自分の娘《むすめ》がもしスワートで学校に通っていたら、学校へいさを許したかなって思うことはあります」

「これからどうしたいですか？」司会者がたずねる。

「政治がしたいです。この国の役に立ちたい。パキスタンの政治家は何もしません。わたしたちは正直に引っ張っていってくれる人たちが必要です」

マララは、まるで映画のような人生だと思った。

前は、タリバンの毒牙《どくが》から谷が解放されて女の子がちょうのように自由に飛び立てることを夢見ていた。その夢が現実になったのだ。マララはうれしくって仕方なかった。

自分の名前がテレビや新聞に出ていることもうれしかった。

有名になれたらいいな、なんて想像したこともあったけれど、まさかここまでとは思いもしなかった。スワートの子ども議会の広報をやってほしいとたのまれた。小さい子が自分たちの望みや問題を話すことのできる場だ。その会議室に初めて入ったとき、みんなが立ち上がってはくしゅでむかえてくれた。

『スワートの女子学生』テレビ出演のときに画面に出されたマララのかた書きも、数ヶ月のうちに『子どもの権利を訴《うった》える運動家』に変わった。

〝この世界に有能な女の子はたくさんいるのに、どうしてわたしなんだろう？〟

マララは自分をそんなに特別な存在だとは思っていない。特別なのは彼女を取り囲む周囲の状きょうだ。命の危険がある中で声を上げることはたやすいことではない。でも部屋に座ったままじゃ、いったい誰《だれ》が学校を救ってくれるだろう？〝神様が与えてくれた名誉《めいよ》と思って受け入れよう〟マララはそう考えている。

スワートの谷ではいろんなことが変わっていった。勉強すること、遊ぶこと、歌うこと、市場に行くことも、全ての人が自由にできる。女の子にとってもタリバンの恐怖はなくなった。

独立記念日、チーナ・バザールは人でごった返していた。みんなパキスタンの国旗を手に喜んでいる。

ＤＶＤのお店も再開して、ターミネーター２が人気だ。

映画館は、サモサにかじりつき、紅茶を飲みながら映画を見る男の子たちでいっぱいだ。

彼らの見ている映画は『ターゲット』という、ひたすら撃《う》ち合いのシーンが続くパシュトー映画だった。マララは映画ならロマンチックコメディが好きだった。

音楽やおどりをともなう屋外のお祭りも再開した。

だがしかし、あまりうかれてもいられない。テレビで見るかぎり全て終わったと思うかもしれないが、現実は全くちがっていた。

スワートはもうかつてのような桃源郷《とうげんきょう》ではない。

ミンゴラにもどって数週間は、交通機関の運行が禁止されていたため、まず朝の登校が大変だった。生徒たちは、かつては教室のかべだったレンガの上に座って、テントや木の下で授業を受けた。町の中心部ではテロにつかわれることをけねんして時折オートバイの乗り入れが禁じられた。警察訓練校にばくだん事件が起きて16人の訓練生が殺された。部屋にかけたままのブルカをまだ着ておきなさいと言う先生もいる。

「何が起こるかわからないんだから」

数週間が数ヶ月に、数ヶ月が数年になった。

2010年夏に起きた大こう水では村がいくつも流された。戦争から1年経っても多くの学校は再建を果たしていない。

人々の気持ちも落ち着かない。兵士による特定の人物をねらった殺害のうわさもあった。打ち捨てられた死体も何体も発見されていたし、あるとき刑務所から数人の受刑者がこつ然と姿を消した。

マララのお父さんは歯に衣着せない人だ。彼は人権活動家たちに言った。

「公安はテロに対してテロで戦っている。公安がタリバンの残ぎゃく行為を終わらせてくれたことには感謝するが、公安の残ぎゃく行為はいったい誰《だれ》が終わらせばいいんだ」

マウラナ・ファズルッラーはアフガニスタンに亡命したようだった。おじさんは彼のようなやからは殺すのが正義だとする。でも、タリバンに何らかの形で協力した人間をみんな追放していくようなことをすれば、谷の住民の九割がいなくなってしまう！

〝暴力に暴力で、殺害に殺害で対こうすることに、何の意味があるんだろう？〟マララはしばしばそう自問した。

田舎のほうでは若者が失業していた。仕事はなく、人々の政府に対する不信感はぬぐえなかった。

お父さんは、国際子ども平和賞にマララを推せんした。そして2011年、彼女の名はノミネートに残った。パキスタン人で初の、パシュトゥーン人としても初の快挙《かいきょ》だ。

テレビでマララにインタビューする女性たちはみんな素敵なファッションだ。ハイヒールにきれいなお化粧《けしょう》。マララは水と石けんだけ。色はついていても質素な服に身を包み、頭にはいつもベールをかぶっている。たまにちょっとピンクの口紅《くちべに》をひいてみたり、まぶたのはしに黒いカジャールをちょっと付けてみたりする。そう、ミンゴラにいる同じ年ごろの女の子は、マララのようには『人目にふれる存在』ではない。マララとちがってお父さんが心配するからという子もいるし、夫となる人が認めてくれるかどうかもわからない。でもマララにはそれはどうでもいい。何の仕事をするかで頭がいっぱいだ。

学校を作って全ての人に教育をほどこす、それがタリバンと戦う上で最善の方法だと、マララは信じている。

楽園は失われてしまった。

でも前に進むしかない。

「わたし、死ぬまで社会運動をするわ」

「女子のための大学をつくる。それから、貧しい女子学生のための基金も」

「教育に特化した政党を作りたい」

マララは全身全れいで取り組むつもりだ。

「もしもわたしのところにタリバンが来たら、サンダルをぬいでひっぱたいてやるわ」

ある司会の女性が言った。

「でもタリバンはばくだんと銃《じゅう》を持ってますよ」

ジャーナリストの男性が指てきする。

「お前は女の子だろう、14歳《さい》だろう、だったら言うことを聞かなければならない、そう言われるだけですよ」

一理ある。言うことを聞かなかったらどうなるだろう？　マララは何度も何度も考えているうちに、突然ひらめいた。これまでもずっとそうしてきたじゃないか。グル・マカイだ。彼女だって女の子だ。でも声に出して訴えた。みんなが信じているコーランをつかって、不当な戦争を終わらせることに成功した。

「タリバンは自分たちの行動を正当化するためにコーランをつかってるんだから、それを見せて言ってやろう。女の子が学校へ行ってはいけないなんて、どこにも書いてないでしょうって」

２０１１年末、国際子ども平和賞は別の女の子が受賞し、マララにはパキスタン政府から残念賞がおくられた。マララはもう迷わない。「お父さん、スクールバスを買うためにお金をつかおう！」

危機

2012年夏

再び季節がよくなって、丘は花でいっぱいになる。

学年末ということで、お父さんはマルガザルにみんなを遠足に連れていってくれた。家族連れ、友だち同士で来ている行楽客でいっぱいだ。

空の下に座る。近くに見える白い宮殿《きゅうでん》は昔スワートの王子が避暑に訪れていた場所だ。小川ほどになっているかつてのたきの流れを女の子たちはながめる。おしゃべりをして、いっしょに走ったり笑ったり。

でもその数日後、学校のかべの外から石が投げこまれる事件が起きる。お父さんへのメッセージがそえられていた。

お前は少女たちに不道徳と下品を教育している。ピクニックに連れていってベールの規則も無視して走り回らせている。

政府からは学校の警護《けいご》の申し出があったが、お父さんは断った。校門に兵士が並んでいる中で授業をすることはできない。

きょうはくの手紙はこれが初めてではなかった。それまでも、家にも、そしてお父さんだけではなくマララにも届いていた。

マララはわいせつ。

お前は異教徒のシンパだ。

お父さんにマララを外国にやった方がいいという友人も何人もいた。危険だからという理由もあるし、よい教育を受けさせてやれという意味もある。これまでお父さんはそれもはねつけてきた。

「数年後だな。まだ本人の準備ができてない」

6月、ミンゴラのスワート・コンチネンタル・ホテルのオーナーが路上で凶弾《きょうだん》に倒《たお》れた。フェイスブックにマララの名をかたるニセ者があらわれたので、マララは自分の登録をまっしょうした。

「お客さんだよ！」

9月のある朝、お父さんに朝早く起こされた。ジャワドだった。3年前と同じだ。学校最後の撮影《さつえい》のときも夜明けにやってきた。マララはみんなのいるリビングに行き、客にお茶を出す。

「ジャワドさんは、お前とわたしがすごく危険だと言うんだ。お前を留学させたほうがいいって」

マララはナフキンの上にティーポットをのせる。ゆっくりとみんなの顔を見回して言った。

「おじさんは素晴らしい人だけど、それは勇気の教えに背くことだわ」

以前からマララは頭の中でひとつの光景をよく思いうかべる。何度も何度も想像していることだから、もう細かいところまではっきりとシナリオができている。男がマララを殺しにくる。マララはその男にこう言う。

「あなたは大きな過ちを犯そうとしている」彼に説明するのだ。

「教育はわたしたちの権利なの」

その男はどうするだろう。そこまではわからない。もしかしたら、自分の娘《むすめ》のことを思いだすかもしれない。娘《むすめ》がいなければ、妹のことを思いだすかもしれない。マララを撃《う》つことは自分の娘《むすめ》や妹を殺すようなものだ、と気づいてくれるかもしれない。それでどうなるのかはわからないけれど、でも、生命への愛情が恐怖に負かされてしまうなんてどうしても許せない。

彼女が誰《だれ》だか忘れてはいけない。彼女はグル・マカイ、いや、マララなのだ。

目覚め

２０１２年10月16日

〝ここはどこ？〟

目を開けたばかりのマララ。

周りを見る。

病院のベッドにいることは確かだ。空色のかべ、窓にかかったあわい色調の花がらのカーテン。青、ベージュ、うす茶色。

うでと足を少し動かしてみる。あのひきちぎるような痛みはもうしない。青い制服にメガネをかけた看護師さんがいた。金ぱつの巻き毛を後ろにまとめてほほえんでいる。

マララはここがどこかききたかったけどのどがつまったような感じで話すことができない。

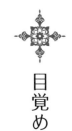

そのうち意識が遠ざかる。

うとうとしたり目が覚めたりが続いて、それが数分のことなのか数時間のことなのかもわからない。

のどに差しこまれたチューブは、呼吸を助けてはくれるが話をしようとするとじゃまになる。そうした説明は医師がウルドゥー語でしてくれた。優しい感じの人だ。そして紙とペンをくれた。

ここはどこの国ですか？

マララはそう書いた。

「イギリスだよ。バーミンガムにあるクイーン・エリザベス病院だよ」

お父さん、お母さん、弟たちはどこですか？

「パキスタンだ。でもすぐに来てくれるよ」

今日は何月何日ですか？

「2012年10月19日だよ」

襲撃《しゅうげき》から10日後だった。

マララは覚えている。あの日の様子が目の前によみがえる。教室でやった課題、スクールバス、ライラのイヤリング、ほこりのまう道、銃《じゅう》を持った男。

マララは撃《う》たれた。でも生きている。

その朝初めて看護師さんに、支えてあげるから立ってみてと言われた。

マララは自分の足で立つことができたが、わずか数分でぐったりとつかれてしまった。頭が重くてのどがはれている。左耳がほとんどきこえない。マララはまたベッドに横になった。看護師さんが白いテディベアを持ってきてくれた。首にピンクのリボンをつけている。マララはそれをギュッとだきしめた。

彼女の様子を見にくる医師の数を日を追って数えてみると8人にもなった。銃弾《じゅうだん》が当たった頭の左側を調べる医師。のどをしん察する医師。マララが感染しょうにかかっていると話している。

花からのカーテンの手前に置かれた丸い木のテーブルに山積みになっているのは、手紙や、太陽、木々、風船、気球などが描かれたイラスト、たくさんのメッセージカード。看護師さんがいくつか読んでくれた。

『マララちゃん、早く良くなるよう祈《いの》ってます』

『マララさん、みんなあなたのことをすごい人だって思ってます』

『マララちゃん、ゆうかんなあなたはわたしたちみんなのお手本です』

『マララさん、本当に恐ろしい目にあいましたね。でもそのおかげで世界が目覚めました』

マララがびっくりしたのは、男も女も子どもも、世界中の人がマララのけがに関心を寄せていることだった。そのみんなの祈《いの》りを神様が聞き入れてくださったにちがいない。マララはその祈《いの》りに救われたのだ。

お願い

マララはメモに書いて看護師さんに渡す。

この人たち全員にわたしの名前で感謝を伝えてください

いつも誰《だれ》かがそばにいてくれて、ひとりになることはなかったけど、それでもマララは家族が恋しくて仕方なかった。でも、声が出ないマララはどうやって家族と話せばいいのだろう。ある日病院が電話を取り次いでくれた。

「マララ？」

お父さんだった。マララは返事をすることができなかったけれど、再びその声がきけたことで胸がいっぱいになった。

ベッドの天板のそばにはピンクの紙に毎日日付が書かれていた。一文字ずつちがう色で。マララは書いてくれる看護師さんを見ていた。数日後、のどからチューブが外された。感染しょうが治ったのだ。マララはまた話せるようになり、自分で食べられるようにもなった。

看護師さんにうでを支えてもらえば、結構しっかり歩けるようにもなってきた。

「お父さん」

マララは電話口で弱々しい声でお父さんに言った。

「こっちに来るときに本を持ってきて。試験勉強がしたいから」

お父さんの感激した声が受話器ごしに聞こえた。

ある日、医師の聴診《ちょうしん》と視診《ししん》が全部終わってベッドで休んでいるところへ、とうとう家族がやってきた。

お父さん、お母さん、アタル、ホシャルが病室に入ってきたのだ。

マララはしんどかったけど家族に笑顔を見せようとした。でも、右側の口角は上がるのに左側は上げることができない。両親と弟たちはわっと泣きだした。喜びのなみだだ。そこから1時間、マララは話しっぱなし、笑顔で身振り手振りするのをお父さんもとめなかった。

アタルは横に座って白いテディベアをだきしめている。ベッドの反対側ではホシャルが少しきん張した面持ちで黙ってお母さんの隣りに立っている。お母さんは大きなベージュのベールに身を包んでいる。マララはね返りを打つのが大変だ。視線を前に向けたままお母さんにたずねた。

「ライラとザキアはどうしてる？」

「ふたりともけがをしたのよ。でもずいぶん回復したって。お母さん電話で話したの。ふたりともあなたのことをきいていたわ。早く会いたいって」

「ふたりだけじゃないよ」

お父さんが言った。

「学校が再開した。襲撃《しゅうげき》の次の日は半分の生徒が欠席したけど、次の月曜日はお前のクラスの31人中欠席はたったの6人だった」

お父さんは昔と同じように出席を取っている。

数週間が過ぎたころ、マララは時折丸テーブルのところに座って、ひざにテディベアをのせ、ぼーっとすることがあった。

お化けがこわくてねむれなくなってしまう子どもはよくいるが、マララは、自分にとってのお化けの正体をよく知っている。

彼女を殺そうとした犯人はまだつかまっていなかった。

タリバンのスポークスマンは襲撃事件《しゅうげきじけん》の犯行声明を出していたし、もう一度やるとも言明していた。マウラナ・ファズルッラー自身がマララ殺害を指示したともささやかれていた。パシュトゥーン人は誰《だれ》でも、子どもを殺すなんて大変はずべきことだと思っているが、タリバンはマララについては、イスラムに反して西洋の思想を広めている・化粧《けしょう》をしてテレビに出た・オバマを支持している、などの理由で正当化していた。

政府が容疑者《ようぎしゃ》として23歳《さい》の若者を特定すると、その若者はこつ然と姿を消した。

「お前はこれからもっと強くならなくてはいけない」

ふさぎがちなマララにお父さんが言った。

「まだ最後の手術が残ってるからね。左耳を治してもらうんだ」

お父さんは約束した。

「前と同じように聞こえるようになるからね」

まだまだ届くはげましのメッセージをお父さんが読んでくれている間、マララは新聞にのった写真のことを考えていた。入院して最初に撮ってもらったものだ。

ベッドに横たわって、顔ははれ、目の周りが黒くあざになっていて、鼻には管が入れられ、頭に白い布が巻かれていて、今にも死にそうに見えた。

〝あれはやめよう〟

今後写真を撮ってもらうときは、手に本を持って顔はきれいなスカーフでおおって傷が見えないようにするんだ。

ある日の夜、お父さんから、テレビでマララにインタビューしたことのある記者のひとりが、その車にばくだんが仕かけられていて、間一ぱつ難をのがれた事件があったときいた。マララはその記者の家に電話をかけ、17歳《さい》になる娘《むすめ》さんに代わってもらってこう言った。

「ハナさん、マララです。あの…」

マララはまだ弱々しい声で、でも自信をもって言った。

「おそろしい出来事だったと思います。でもあなたもどうか強い人であってください。戦うことをやめてはいけません」

数日後、政府がミンゴラのある学校にマララの名前を付けたところ、その学校の生徒たちが、次は自分たちがねらわれるのではないかとおそれてもう反対したことを知った。

マララはまた受話器を手にとり、自分の意見を伝えた。

「わたしのせいで生徒のみなさんを危険な目にあわせたくはありません。学校名は元にもどしてください。それか、わたしではない誰《だれ》か別の人の名前にしてください」

退院の日が来た。看護師さんがむかえにくる。襲撃《しゅうげき》から3ヶ月後のことだった。マララは、車いすではなく、自分の足で歩いて病室を出た。

ろうかを少しずつ進む。つきそいの看護師さんが左手を支えてくれている。ずっと側にいてくれて、世話をして治療してくれた白衣の人全員に、マララは右手をふってあいさつした。

木の門の前まで来るとマララは立ち止まってふり向き、テレビカメラにもあいさつをする。世界中の人がこれを見るだろう。そして気づくだろう。タリバンはマララの命をうばおうとしたが、逆にマララを強くしたのだと。

新しい人生

マララは幸せだ。教科書の入ったピンクのリュック、となりにはお父さんがいて、街路樹のある大通りを車の流れとは反対方向に歩いていく。

3月19日、初の登校日だ。新しく通うことになった学校の名前は『エドバストン女子高校』。制服はのうこんのロングスカートと小さな校章をぬい付けた緑のセーター。マララはそれに、頭をスカーフでおおうことを権利と認めてもらい、バーミンガムは寒いので上からコートを着ている。

マララはこの制服が気に入っていた。再び学校へ行くことの証、自分の人生を自分で決めていることの証だからだ。自分は学校へ行く。それは大事なことだ。

その数週間前の土曜日に5時間におよぶ手術を受けた。耳の聞こえをよくするため、頭部にチタンのプレート、左耳の中に小さな補聴器《ほちょうき》がうめこまれ、顔の神経の手術では、時が経てばまた以前のような笑顔をつくれるようになることも期待されている。

マララはそれだけで幸せだった。生きている。話ができる。何でも見える、みんなが見える。この第二の人生をマララは他の人々にささげたいと思っている。

今は高校に通って、これからまだたくさんのことを学ぶだろう。

政治学、社会権、法律を勉強するだろう。

どうやって世界を変えていくのか、どうすれば勉強をしたい子どもを、夢をかなえたい子どもを、男の子も女の子も手助けしてあげられるのか、その方法を見つけるだろう。

〝そうしていつの日にか、この戦いを続けることで、女の子がもっと強くなって、敬意をはらってもらえるようになって、全員学校へ行けるようになるんだ〟

とマララは考える。〝でもそのためには、ひとりひとりが声を上げていかなければ〟これは長い戦いだ。

校長先生がラテン語の教室を案内してくれた。真っ白な机と青いいす、絵が描《えが》かれたかべ、本棚には本がぎっしりと並ぶ。次に先生はフローリングの床にペルシャじゅうたんがしかれた大きな部屋にマララを連れていった。そこにはガラスケースにたくさんトロフィーがかざられている。学年末に成績優しゅうな生徒におくられるものだという。

ライラとザキアもパキスタンで賞を受賞した。通常なら兵士におくられる『勇気の星』というメダルだ。勇気なら売るほどもっている。彼女たちは今も護衛《ごえい》に付きそわれて暮らし、家の前にも武装した警備員が常ちゅうしている。学校へ行くのもスクールバスではなく、警察の護送がついたリキシャだ。でも、襲撃《しゅうげき》のあった場所だけはまだ通らないでと言っている。まだあまりにもおそろしいのだ。

それでもふたりは学校に通い続けている。

バーミンガムでも新しい友だちはできるし、みんな優しい。でもスワートの友だちにあいたくて仕方ない。できるときには直接電話をかけて話をした。

ザキアは迷っていた自分の進路をようやく医者に決めたと言う。

ライラはマララに帰ってきてと言った。

「マララはスワートで生まれたんだから、それは義務だよ」

「今は危険が大きすぎるし、まだわからないけど」

お父さんは、自分たちにとってのスワートは魚にとっての水のようなもの、と言って、マララの具合がよくなり次第パキスタンに帰国することを約束してくれた。ただ、今現在はバーミンガムのパキスタン領事館の職員として働いている。3年けい約だが場合によっては5年に延長されるかもしれない。お母さんと兄弟たちもこっちに引っ越してきている。

マララはファティマとも電話で話した。ファティマはマララにどうして欲しいとは何も言わなかったが、ひとつだけ宣言した。

「マララの席には誰《だれ》も座らせないから」

ファティマは毎朝マララの机にリュックを置く。2列目の一番後ろの右側の席。そうすれば、空いたいすを見てみんなマララのことを必ず思いだすから。

きっと時間はかかるだろう。月が空にのぼりまたしずむ。これを何度くり返さねばならないだろうか。でも親友たちは彼女の帰りをずっと待っている。

用語解説

アッサラーム　アライクム　あいさつの言葉。直訳すれば『安らぎがあなたとともにありますように』という意味で、「ワライクム　アッサラーム」『安らぎがあなたとともにもまたありますように』と答える。パシュトー語では「パカエル　ラグレイ」と付け加えても言い、直訳は『皆さんが安らぎに到達されますように』。

バザール　東洋や北アフリカによく見られる市場。

ベーナズィール・ブット　首相になったパキスタン初（そして今のところゆいいつ）の女性。（1988年～1990年と1993年～1996年の2度なっている）2007年12月27日パキスタンで暗殺された。

ブルカ　アフガニスタンとパキスタンで使われる女性の衣服。頭から足までおおう。パキスタンでは、北部の部族や田舎の村落で着用されている。目のところがネット状になっていて、人目は避けつつ視野は確保できるというものと、顔の前が布になっているものの2種類があり、後者はさらに目のための穴があるものとないものがある。

ワッロ・ドダイ　スワートでは通常米粉を入れてこねたパン。丸く平たい形で、油で揚げ、朝食だと目玉焼を添えて食べる。

ドゥパッタ　ウルドゥー語。女性が頭部をおおう薄地の長いショールのこと。（パシュトー語ではルパタ）

イード・アル・フィトル　ラマダンの断食明けのお祭り。

グル・マカイ　パシュトー語でトウモロコシの花の意味。古くからこの地に伝わる、ロミオとジュリエットに似たお話のヒロインの名前。

カジャール　東南アジア、中東、北アフリカに共通してみられる化粧品《けしょうひん》。まぶたに陰影《いんえい》をつけたり、まつげにはマスカラのように用いる。

カミーズ・パルトグ　パシュトー語。ズボンの上に長い丈のシャツまたはチュニックを着る形の上下セットアップのこと。

ケバブ　串焼き肉。

カール　パシュトー語で〝美の赤い点〟を意味する言葉。インドのビンディーと同じく額の中央に描《か》くものだが、それよりもう少し小さい。パキスタン北部では近年この習慣は見られなくなっている。

ホシャル・ハーン・ハタック　戦士であり詩人。パシュトー詩歌の父とされる。1613年生、1689年没。

マドラサ　アラビア語で〝学校〟を表す言葉。パキスタンではイスラム神学校を指して用いられる。

マウラナ　アラビア語由来の言葉。宗教に関して博識な人の意味でインド亜大陸で用いられる。

マウラナ・ファズルッラー　スワート渓谷《けいこく》におけるパキスタン・タリバンの指導者。その生死に関してはまったく異なる情報がいろいろと伝えられており、信奉者《しんぽうしゃ》たちの間では今も生きているとされる。

民兵　武装した人。大抵は何らかの部隊に所属している。

モスク　イスラム教徒の聖堂で、祭礼や祈祷《きとう》、礼拝《れいはい》の場所。

ムッラー　アラブ由来の言葉で、パキスタンではモスクで祈祷《きとう》を指導する人を指して使う。

パロネイ　パシュトー語で長いマント。白であることが多く、サッダールよりもゆったりとしていて、頭をおおい、からだを包む。女性が外出時に服の上に着る。スワートでは若い女の子はもっと短いストールを使い、成人女性の多くがこのパロネイを身につける。

パシュトゥーン　アフガニスタンとパキスタンにまたがる民族の呼称。パシュトー語を話し、個人及びグループの行いの規範《きはん》となるパシュトゥーンワーリと呼ばれる部族掟(イスラム前の不文法)に従う人々。

ライタ　ヨーグルト、きゅうり、玉ねぎ、トマト、クミンで作るソース。

ラマダン　イスラム暦《れき》（太陰暦《たいいんれき》）の9番目の月のこと。この期間は夜明けから日没まで断食と禁欲が課せられる。

リキシャ　アジアに多く見られる交通手段。元は、車夫が引く二輪車にひとりあるいはふたりの客が座って乗るものだったが、現代ではオートリキシャと呼ばれるエンジンのついたものが広まっている。

サッダール　パシュトー語の単語。外出時に巻くストールのことで、冬場はウール、夏場は綿や麻のものが用いられる。ミンゴラなどでは女の子が家から出る時に身に纏う。大学など、公共の場で、それも屋内なら、ドゥパッタでもよい。ドゥパッタ、サッダール、ブルカのつかい分けは、場所と家庭によって様々である。

サモサ　生地に詰め物をして揚げた三角形のスナック。中身はじゃがいも、玉ねぎ、グリンピース、レンズ豆、肉類、スパイス。

パキスタンの学校制度　イギリスの制度が基盤《きばん》になっている。小学校5年（1年生から5年生まで）、中学校3年（6年生から8年生まで）、その後に高等学校2年、後期高等学校2年、大学と続く。中学校になると多くは男女で分けられ、都市部の一部の学校には共学のクラスも見られる。カリキュラムは学校によって異なる。共通して学ぶ教科は、ウルドゥー語、英語、数学、美術、科学、社会、宗教、イスラム史。これに情報学が加わるところもある。

また、地域の言語を教える学校もある。

タリバン　文字通りの意味は、イスラム神学校の〝生徒〟。今では、アフガニスタンで権力を握った、パシュトゥーン族の中のイスラム原理主義グループの民兵を指してつかわれる。パキスタンでは、特にアフガニスタン国境の部族地帯で、イデオロギーを同じくする多くのパキスタン・タリバンの集団を形成、数を増やした。自分たちのシャリーア（イスラム法）の解釈を通そうとするため、彼らはパキスタン政府とも対立し、アフガニスタン寄りの外国勢力とも対立して戦っている。

ウルドゥー語　パキスタンの国語。

出典

この本は、マララがＢＢＣのために書いた日記、ニューヨークタイムズの２本のドキュメンタリー、そして襲撃《しゅうげき》の事件前事件後にマララ自身および彼女の父が応じたインタビューをもとに私がまとめたものです。これらを参考にして、私は、様々な出来事だけでなく、マララの心の中やそのとき言った言葉まで再現しようと考えました。

また、この本で語られている出来事が実際に起こった時期のスワート渓谷の情勢については、パキスタン内外のジャーナリストらが書いた記事を、さらに、地域や言葉、習慣をよく知る人たちへの取材も大いに参考にさせていただきました。

取材を進めるうちに、マララの口からはっきりとは語られなかったものの、同時期に並行して起こっていたいろんな事実も物語の中に織り交ぜる方がいいのではないかという思いが強くなりました。その方が、彼女を取り巻く世界をもっと正確に描くことになるからです。そして、お話を効果的に伝えるため、架空の人物も登場しますし、一部フィクションのシーンもあります。

ほとんどすべての登場人物は実在の人物に由来していますが、名前は変えました。また主な出来事は本当に起こったことです。部分的に、複数の実在の人を合わせてひとりの人物として描いた箇所があります。フィクションとノンフィクションの間を行き来しながらも、なるべく現実に忠実であるために、事実確認を欠かすことなく、また、想像で補う場合も、慎重に、そして敬意を持って臨みました。

日記

『Diary of a Pakistani School girl（パキスタンの女子学生の日記）』 BBCニュース（2009年1月3日～2009年3月12日）

インタビュービデオ

Adam Ellick／Irfan Ashraf『スワート渓谷、閉鎖された学級』ニューヨークタイムズ2009年２月22日
Hamid Mir『マララ・ユスフザイ襲撃事件』キャピタル・トーク2009年８月19日
Adam Ellick『女子学生の冒険譚』ニューヨークタイムズ2009年10月10日
『教育を受けたいと８年生がテロに立ち向かった』ブラック・ボックス・サウンド2011年
Reza Sayah『国民が私を必要としている』CNN 2011年11月
『Farahと一緒の朝』2011年12月14日
Geo News 2011年12月31日
Geo TV 2012年１月
『Talking back』 メラ・パッション・パキスタン　2012年２月16日
『マララ・ユスフザイの父親、娘が回復したらパキスタンに戻ると断言』テレグラフ2012年10月25日
バーミンガムのクイーン・エリザベス病院のビデオ、写真、広報など　2012年10月16日～11月16日
『バーミンガムの病院を退院したマララ・ユスフザイ』バーミンガム中央通信　2013年１月４日
『マララ・ユスフザイ　タリバンに銃撃された後の初インタビュー』 ガーディアン・オンライン　2013年２月

『襲撃から半年、マララ・ユスフザイ復学』ガーディアン・オンライン 2013年3月19日
『マララから発表 マララ基金から初めての交付金』2013年4月5日

マララについて

Rick Westhead『私に学ぶことを止めさせることはできない：胸を打つ10代の活動家の勇気』トロント・スター 2012年10月9日
Adam Ellick『私の“小さなスター”が人生のために戦っている』ニューヨークタイムズ 2012年10月9日
Basharat Peer『学校に行きたい女の子』ニューヨーカー 2012年10月10日
Owais Tohid『私の知っているマララ・ユスフザイ』クリスチャン・サイエンス・モニター 2012年10月11日
『ラジオ・ムッラーがマララ・ユスフザイに暗殺団を仕向けた』ロイター 2012年10月12日
Kahar Zalmay『再開した学級』パキスタン・デイリー・タイムズ 2012年11月3日
Aryn Baker『準優勝者：戦う人マララ・ユスフザイとバスに乗っていた他の女の子たち：マララのクラスメイトはどうしているのか』タイム・マガジン 2012年12月19日
『マララ回復のニュースに喜ぶ友人たち』インド・アジアン・ニュース・サービス 2013年1月7日
Ashley Fantz『パキスタンのマララ：世界が注目するその人はまだ子ども』CNN 2013年1月30日
Marie Brenner『ターゲット』バニティ・フェア 2013年4月

スワート渓谷とパキスタンについて

Palwasha Kakar『パシュトゥーンワーリの部族掟と女性の法的権威』ハーバード・イスラム法研究プログラム 2005年
Marvaiz Khan『宗教的過激派に脅されたミュージックショップ』フリーミューズ 2007年3月4日
David Montero『PBSパキスタン、非常事態』2008年2月26日
Aamir Latif『タリバンの脅迫を受けてパキスタンの警官たちが職務放棄』USニュース 2008年11月13日
Kamran Haider『パキスタンのスワート中で聖職者が呼びかけた反政府デモ』ロイター 2009年2月18日
Iqbal Khattak『スワート、依然排除される女性買い物客』デイリー・タイムズ 2009年3月17日
Urvashi J Kumar『スワート、2006年からの年表』平和と紛争の研究所（Ipcs.org）2009年3月
Zeeshan Zafar『スワート、ポスト・タリバン初のひげ剃り』BBCニュース 2009年6月6日
『ミンゴラ自爆テロで16人の警察訓練生死亡』デイリー・タイムズ 2009年8月31日
Sabrina Tavernise『新しい衣服がスワートの女性に自由をもたらす』ニューヨークタイムズ 2009年9月22日
Rick Westhead『パキスタン、スワート渓谷での勇敢なる抵抗』トロント・スター 2009年10月26日
Daud Khan Khattak『スワート・タリバンの指導者は誰だ？』フォーリン・ポリシー 2010年4月21日
『襲撃される教育』ユネスコ 2010年
『スワート、桃源郷は取り戻せたのか？』パキスタン人道委員会 2010年7月
Ashfaq Yusufzai『タリバンの脅迫を受けて看護婦らがベールを身につける』パキスタン・アップデート 2011年7月26日
Shaheen Buneri『スワート渓谷の踊り子たち』危機報道ピューリッツァーセンター 2011年9月13日
Khushal Khan『スワート渓谷、大変身』民族分析研究所 2012年9月
Asad Hashim『マララ襲撃事件後、苛つくスワート渓谷』アルジャジーラ 2012年10月14日

『ホシャル・ハーン・ハタック詩集から詩編』パシュトー語からの翻訳 D.N.Mackenzie、Allen & Unwin 1965年ロンドン

マララ・ユスフザイ国連《こくれん》演説《えんぜつ》抄録《しょうろく》（和訳）

最も慈悲《じひ》深《ぶか》く寛大《かんだい》な神の名において

潘基文（パン・ギムン）国連《こくれん》事務《じむ》総長殿《そうちょうどの》、
ブーク・イェレミッチ総会《そうかい》議長殿《ぎちょうどの》、
ゴードン・ブラウン国連《こくれん》グローバル教育《きょういく》担当《たんとう》特使《とくし》殿《どの》、
尊敬すべき年長者と親愛なる兄弟姉妹の皆《みな》さん、

きょう、久しぶりにお話しできることを光栄に思います。これだけの尊敬すべき方々に囲まれることは、わたしの人生の中でも、すばらしい機会です。そしてきょう、故ベーナズィール・ブットー首相のショールを身に着けられることは、わたしにとって大きな名誉《めいよ》です。

どこからお話を始めたらよいかわかりません。人々がわたしにどのような話を期待しているのかもわかりません。しかし最初に、わたしたちをすべて平等にお造りいただいた神に、そしてわたしが早く元気になり、新しい生活を始められるよう祈《いの》ってくださった皆《みな》さんに感謝します。人々はわたしに信じられないほどの愛情を示してくれました。わたしのところには全世界から、何千もの回復を祈《いの》るカードや贈《おく》り物が届きました。そのすべてに感謝します。その素直な言葉でわたしを元気づけてくれた子どもたちに感謝します。そして、その祈《いの》りでわたしに力を与えてくださった年長者の皆《みな》さんに感謝します。

わたしが再び元気な姿に戻《もど》れるよう助けてくださったパキスタンと英国の看護師、医師、病院職員の方々、そしてアラブ首長国連邦《しゅちょうこくれんぽう》の政府にも感謝したいと思います。わたしは潘基文事務総長のグローバル・エデュケーション・ファーストイニシアティブと、ゴードン・ブラウン国連特使、ブーク・イェレミッチ総会議長の活動を全面的に支持します。そして、皆《みな》さんが絶えず発揮しているリーダーシップに感謝します。皆《みな》さんはわたしたち全員を行動へと駆《か》り立《た》て続けています。

親愛なる兄弟姉妹の皆《みな》さん、ひとつ覚えていてほしいことがあります。マララ・デーはわたしの日ではありません。きょうは権利を求めて声を上げたすべての女性、すべての少年少女の日です。何百人もの人権活動家やソーシャルワーカーが、その権利を言葉で主張するだけでなく、平和、教育、平等という目標を達成するために日々闘《たたか》っています。テロリストによって命を奪《うば》われた人々は数千人、負傷した人々は数百万人に上ります。わたしはその一人にすぎません。

ですからわたしは、多くの少女たちの一人としてここに立っています。

わたしの役割は、自分の権利を主張することではなく、声なき人々の声を伝えることにあります。それは自分たちの権利、つまり平和に暮らす権利、尊厳のある取り扱いを受ける権利、均等な機会を得る権利、教育を受ける権利を求めて闘《たたか》ってきた人々に他なりません。

親愛なる皆《みな》さん、わたしは２０１２年10月９日、左の側頭部をタリバン兵に撃《う》たれました。友達も撃たれました。彼らは銃弾《じゅうだん》でわたしたちを黙《だま》らせようと考えたのです。しかし、そうはいきませんでした。その時、沈黙《ちんもく》の中から数千の声が上がったのです。テロリストたちはわたしたちの目的を変えさせ、わたしの意志をくじこうとしたのですが、わたしの人生で変わったことはひとつだけでした。それは、弱さや恐怖《きょうふ》、絶望が死に絶え、その代わりに強さと力、勇気が生まれたということです。わたしは今までと同じマララです。わたしの意志も変わっていません。わたしの希望も、夢もそのままです。

親愛なる兄弟姉妹の皆《みな》さん、わたしは誰《だれ》も敵だとは思っていません。ましてや、タリバンその他のテロ集団に対する個人的な復讐心《ふくしゅうしん》もありません。わたしはあらゆる子どもの教育を受ける権利を訴《うった》えているのです。タリバンやすべてのテロリスト、過激派の子どもたちにも教育を受けてほしいと思っています。

わたしを撃《う》ったタリバン兵さえ憎《にく》んでいません。銃《じゅう》を持つわたしの目前に彼が立っていたとしても、わたしは撃《う》たないでしょう。それこそわたしが慈悲《じひ》深《ぶか》い預言者マホメット、イエス・キリスト、そしてお釈迦様《しゃかさま》から学んだ思いやりの心です。それこそわたしがマーティン・ルーサー・キング、ネルソン・マンデラ、ムハンマド・アリ・ジンナーから受け継《つ》いだ変革の伝統です。それこそわたしがガンジー、バシャ・カーン、マザー・テレサから学んだ非暴力の哲学《てつがく》です。そしてそれこそ、わたしが父と母から学んだ寛容《かんよう》の心です。わたしの魂《たましい》からも「平和を愛し、万人を愛しなさい」という声が聞こえてきます。

親愛なる兄弟姉妹の皆《みな》さん、光の大切さがわかるのは、暗闇《くらやみ》に閉ざされた時です。声の大切さがわかるのは、沈黙《ちんもく》を強いられた時です。わたしたちは同じように、パキスタン北部のスワートで銃《じゅう》を目にした時、ペンと本の大切さに気づいたのです。

「ペンは剣《けん》よりも強し」ということわざは本当でした。過激派《かげきは》が昔も今も恐れているのは、本とペンです。教育の力は彼らにとって脅威《きょうい》なのです。


(中略)


パキスタンは平和を愛する民主主義国家です。パシュトーン人は娘《むすめ》や息子たちの教育を望んでいます。そしてイスラムは、平和、人道、同胞愛《どうほうあい》を説く宗教です。イスラムの教えによれば、教育を受けるのは子どもの権利であるだけでなく、その義務と責任でもあるのです。

事務総長殿《じむそうちょうどの》、教育には平和が必要です。パキスタンやアフガニスタンをはじめ、世界各地ではテロや戦争、紛争によって子どもたちが学校に通えなくなっています。こんな戦争はもうたくさんです。女性と子どもは世界各地で、さまざまな苦しみを抱《かか》えています。インドでは、罪のない貧しい子どもたちが児童労働の犠牲《ぎせい》になっています。ナイジェリアでは多くの学校が破壊《はかい》されました。アフガニスタンの人々は数十年間にわたり、過激主義に苦しめられてきました。幼い女の子たちが家事労働に使われ、早婚《そうこん》を強いられています。貧困、無知、不正、人種主義、そして基本的権利の剥《はく》奪《だつ》は、男性にとっても女性にとっても重大な問題です。

親愛なる仲間の皆《みな》さん、わたしはきょう、女性の権利と女児の権利を中心にお話ししています。

それは女性が最も大きな苦しみを抱《かか》えているからです。女性の社会活動家たちはかつて、女性の権利のために立ち上がるよう男性に求めていました。しかし今度は、わたしたちが自ら立ち上がる番です。男性に女性の権利の代弁をやめるよう求めているのではありません。女性が独立し、自力で闘《たたか》うことが大事だと言っているのです。

親愛なる兄弟姉妹の皆《みな》さん、今こそ声を上げる時です。

ですから、わたしたちはきょう、世界の指導者たちに、その戦略的な政策を平和と繁栄のために支えるよう呼びかけます。

わたしたちは世界の指導者たちに、どのような和平協定も女性と子どもの権利を守るものとせねばならないと訴《うった》えます。女性の権利に反する取決めを受け入れることはできないからです。

わたしたちはすべての政府に対し、全世界であらゆる子どもに無償《むしょう》の義務教育を与えるよう呼びかけます。

わたしたちはすべての政府に対し、テロや暴力と闘《たたか》い、残虐行為《ざんぎゃくこうい》や危害から子どもたちを守るよう呼びかけます。

わたしたちは先進国に対し、開発途上地域の女児の教育機会拡大を支援《しえん》するよう呼びかけます。

(中略)

わたしたちは全世界の姉妹の皆《みな》さんに対し、勇気を持って自分の強さを認め、その能力を最大限に発揮するよう呼びかけます。

親愛なる兄弟姉妹の皆《みな》さん、わたしたちはあらゆる子どもの輝《かがや》ける未来のために、学校と教育を求めます。わたしたちは平和と教育を目指す旅を続けてゆきます。誰《だれ》もわたしたちを止めることはできません。わたしたちは自らの権利を求めて声を上げ、その声を通じて変化をもたらします。わたしたちは言葉の力と強さを信じています。わたしたちの言葉で世界を変えることができます。わたしたちはともに、団結して教育を求めているからです。その目的を達成するために、知識という武器を装備し、連帯と団結という盾《たて》で身を守ってゆこうではありませんか。

親愛なる兄弟姉妹の皆《みな》さん、何百万もの人が貧困、不正、無知に苦しんでいることを忘れてはなりません。何百万もの子どもたちが学校に通えていない現実を忘れてはなりません。わたしたちの兄弟姉妹が、明るく平和な未来を待ち望んでいることを忘れてはならないのです。

ですから、本とペンを手に取り、全世界の無学、貧困、テロに立ち向かいましょう。それこそわたしたちにとって最も強力な武器だからです。

一人の子ども、一人の教師、1冊の本、そして1本のペンが、世界を変えられるのです。教育以外に解決策はありません。教育こそ最優先です。

国際連合広報センター「マララ・ユスフザイさんの国連本部でのスピーチ（2013年7月12日、マララ・デー）」参照

スピーチ全文は左記でご覧になれます。

http://www.unic.or.jp/news_press/features_backgrounders/4790/

謝辞

編集者のマルタ・マッツァ（親戚関係はありません）、この本の執筆を勧めてくれてありがとうございました。そして、一緒に仕事をしていく中で築けた以心伝心の関係にも感謝します。本の完成にご尽力くださったモンダドーリ社のスタッフの皆さんもありがとうございました。以下の方々にも感謝しております。マララについての初の文章化に関して許可をくださった〝コリエレ・デッラ・セーラ紙〟と同紙のブログ“La 27ora”。〝ニューヨークタイムズ〟のマララのドキュメンタリーの共同プロデューサーであるパキスタン人ジャーナリスト、サイド・イルファン・アシュラフさん、カハル・ザルマイさんは、わたしがマララの生活や２００９年から２０１２年にかけてのスワート情勢について抱いた細かい疑問に電話やスカイプで詳しく答えてくださいました。

ナズラナ・ユスフザイ、クシャル・カーン、ジャワド・イバル、マディーハ・サイド、ワティマ・アミール、アスマー・アブドゥルラウーフの皆さんは、場所、食べ物、衣類、言葉遣い、学校制度、価値、伝統などに関する幾多の質問に辛抱強く答えてくださいました。マリア・カラフィオーレさんは草稿にすべて目を通し、中学校の教諭の視点から貴重なご意見をくださいました。イーサン・ゴチャルクさんは来る日も来る日もわたしを激励してくれました。ローザ・アドルノとサーラ・ロ・ポー、わたしのふたりのおばあちゃん、このようなお話を聴いて語る意欲をわたしにくれてありがとう。

著者／ヴィヴィアナ・マッツァ（Viviana Mazza）
1978年イタリア・カターニア生まれ。「コリエレ・デッラ・セーラ（Corriere della Sera）」紙のジャーナリスト。同紙のニュースデスクとして国際ニュースの社会系記事を担当。

訳者／横山千里（よこやま ちさと）
文法指導に定評のあるイタリア語講師。テキストから作成に携わった通信講座を開講し、実務、文芸、映像字幕の翻訳も手がける。

武器より一冊の本をください
少女マララ・ユスフザイの祈り

初版発行　2013年11月　第4刷発行　2014年5月

著　者　ヴィヴィアナ・マッツァ
訳　者　横山千里
発行所　株式会社 金の星社　〒111-0056　東京都台東区小島1-4-3
Tel 03-3861-1861（代表）Fax 03-3861-1507
振替　00100-0-64678　http://www.kinnohoshi.co.jp

編集協力・デザイン・DTP　ニシ工芸株式会社
印　刷　株式会社 廣済堂
製　本　東京美術紙工
184ページ　19.4cm　NDC973　ISBN978-4-323-07282-1
©Chisato Yokoyama 2013
Published by KIN-NO-HOSHI SHA Co.,Ltd, Tokyo JAPAN

■乱丁落丁本は、ご面倒ですが小社販売部宛にご送付ください。
送料小社負担でお取り替えいたします。

JCOPY （社）出版者著作権管理機構 委託出版物

本書の無断複写は著作権法上での例外を除き禁じられています。複写される場合は、そのつど事前に（社）出版者著作権管理機構
（電話 03-3513-6969　FAX03-3513-6979　e-mail: info@jcopy.or.jp）の許諾を得てください。
※ 本書を代行業者等の第三者に依頼してスキャンやデジタル化することは、たとえ個人や家庭内での利用でも著作権法違反です。